EL IMPARABLE
RENACER DEL CORAZÓN

Sentir, lo cura
Cómo trascendí del miedo al amor

Andrés Espinosa

© Del texto: Andrés Espinosa
© Del prólogo: Joaquín García Weil
© De la presente edición: Andrés Espinosa

Fotografía:
Juan Andrés Ariza - juanandres-photography.es
Corrección de estilo y ortotipográfica:
Purificación Ramírez
Maquetación - Impresión:
Gráficas Torremolinos - Málaga

D.L.: MA-1894-2019
I.S.B.N.: 978-84-09-17315-0

Centro

Avenida de la Constitución 2
Conjunto la Pimienta I
Primera Planta, Local 24
C.P. 29.631 Arroyo de la Miel
Benalmádena (Málaga)

www.andresespinosa.es
info@andresespinosa.es

*"Reconocer la locura es, por supuesto,
el comienzo de la sanación y la trascendencia"*

Eckhart Tolle

*"Sentir es vivir,
con independencia de lo que sintamos.
Vivamos, aunque deseemos morir en ese vivir"*

Andrés Espinosa

ÍNDICE

Prólogo

Nadie sabe con certeza el destino que aguarda a un libro cuando se publica, ni siquiera los grandes editores, por más que algunos puedan tener buena intuición al respecto. Si alguien lo supiera con certeza, tendría en sus manos las llaves del negocio editorial. De modo que por adelantado no sabemos cuántos lectores encontrará el libro ***El imparable renacer del corazón*** de Andrés Espinosa, ni a cuantos gustará, interesará o entusiasmará. En cualquier caso, sé que el destino que aguarde a su primer libro no es uno de las prioridades mentales de su autor, que, ante todo, ocurriera lo que ocurriera, tenía que escribirlo y publicarlo, por su voluntad de comunicar esos tesoros interiores, esos deslumbramientos e indagaciones de tantos años de aventuras, de sabidurías y esclarecimientos.

Por sintetizar el contenido, se trata de una indagación psicológica acerca de qué es la iluminación. Y esto, narrado no con la frialdad de quien disecciona un pez, sino con la pasión de quien relata una vívida aventura en primera persona.

Si la vida es misteriosa para muchos, imagínense cómo

sería para un comercial de tabaco y agente inmobiliario sin mayores preocupaciones espirituales al cual, de modo impensado y espontáneo, se le entreabrieron las puertas de la iluminación durante los breves instantes en que su automóvil volaba por los aires durante un accidente de tráfico. Casos de iluminaciones espontáneas, cada una con su propia singularidad, las relata el psicólogo norteamericano **William James** en su libro *Las Variedades de la Experiencia Religiosa*. En el caso del libro que tenemos en las manos coincide que el psicólogo y el sujeto clínico de sus relatos es la misma persona: Andrés Espinosa. Aquí se abren numerosas preguntas que Andrés y yo hemos hablado en diversas ocasiones, bien entre nosotros o también junto con más contertulios: ¿Qué relación existe entre la iluminación y la salud psicológica? ¿Y entre la terapia y la búsqueda espiritual? ¿Podemos hablar de grados en la evolución espiritual? En efecto, a veces ocurre que en los momentos de mayor confusión y padecimientos psicológicos crece la flor del esclarecimiento, que de repente, se abre en una colorida dicha de comprensión profunda. Se trata de la añeja metáfora del hermoso y delicado loto floreciendo sobre las aguas del turbio estanque donde se bañan los búfalos.

Puesto que mi nombre asoma de vez en cuando en las páginas del libro como parte de los *dramatis personae*, creo que puedo aportar alguna perspectiva de interés para el lector del mismo. Conocí a Andrés Espinosa en el Dojo Zen de Málaga, cuando estaba en su pleno proceso de búsqueda… o de encuentro. En aquella época él era un joven de treinta y pocos, dinámico y bien humorado. Como yo estaba (y estoy) en mis búsquedas y encuentros personales, las conversaciones fluyeron con intensidad sobre estos temas para los cuales, en ocasiones, no es fácil encontrar interlocutor. Como el lector sabe, asombrosamente la mayoría de las personas transita por sus días, sin mayores búsquedas ni encuentros, sin complicarse la existencia con preguntas filosóficas ni espirituales, procurando gozar de los momentos de fortuna y lamentándose por los momentos difíciles que necesariamente vive cada persona. Entre estas dos esferas de la humanidad, la mundana y la espiritual, es difícil tender puentes, incluso mismo dentro de cada persona. El descubrimiento de ese equilibrio de la vida plenamente humana, con su faceta de indagación y de sabiduría profunda, sin caer en la fantasía o el fanatismo y, por otra parte, la vida práctica, sin caer en lo mostrenco y adocenado que en ocasiones trae la vida terrenal, ese balance es otro asunto axial de los que aborda este primer libro de Andrés Espinosa.

Puedo dar testimonio de la veracidad y sinceridad de este libro, al menos hasta donde conozco. Se trata de un libro sincero, sin impostura, sin auto-imponerse medallas, sin adornos superfluos, pero también sin caer en el exhibicionismo emocional, algo así como lo que podríamos metafóricamente llamar "mermeladas del alma". Pese a conocer alguna de las aventuras que en estas páginas se narran, me ha enganchado el relato de los hechos, no mero recuento o catálogo de recuerdos, sino como eslabones de una cadena o peldaños de una escalera que hacia alguna parte significativa conducen.

Otro de los activos del presente libro es el acervo psicológico de Andrés Espinosa, no meramente académico o museístico, sino, como él mismo señala, acreditado y acendrado en esos numerosos magisterios que la vida ofrece. En su caso: sus empresas de construcción, inmobiliarias, el estupendo máster que otorga ser conductor nocturno de un taxi en la Costa del Sol durante varios años... y por añadidura, su licenciatura universitaria, y no solo por el grado académico, sino por el estudio de ese ámbito en ocasiones algo patológico que son las Universidades, en cualquier parte, y tal vez más, en España y en ese concentrado o densificación de España que es Andalucía.

Como mínimo esta narración + indagación personal que Andrés Espinosa aborda es un valioso testimonio en primera persona de un suceso cada vez más frecuente, o al menos, conocido: las iluminaciones espontáneas. Pero además considero aporta interesantes interpretaciones de este fenómeno. Y por añadidura, el lector tal vez pueda reconocer en sí alguno de los universales humanos que en estas páginas se abordan.

Joaquín G. Weil
Profesor de yoga y filosofía, y escritor.

El matiz

Mi vida, mi historia, como la de tantos otros, comenzó el día de mi nacimiento, el día en que vi la luz por primera vez. Hasta ahí parece normal, por ser algo general. El matiz, como dice la canción, viene después, cuando lo hice por segunda vez, a esa edad en la que no se nace de igual forma, a los treinta y dos años. Durante un intento de suicidio, tuve ese despertar que se le atribuía hasta hace poco, a una minoría poco menos que tocada por lo divino, a los elegidos. Esa muerte en vida, ese parirse a sí mismo que busqué luego, ese camino de tinieblas lleno de dragones y sombras, de miedos y deseos que ocultan nuestra esencia.

Se me cayeron los siete velos, visité el cielo en la tierra. Mi mente se hizo a un lado y sin avisar, vino el despertar. Ese don divino que todos poseemos, lo que somos, lo que soy, lo que Es. Ese día comenzó mi caminar, mi proceso, mi deseo de llegar, de estar, de ser y de comprender.

Nació la idea de escribir este libro, para compartir lo vivido; pero no era el momento, aún no sabía qué había ocurrido. Por fortuna tomé conciencia de mi inconsciencia, de mi confusión y desequilibrio; evitando confundir a otros, de ahí la demora.

Conocí una realidad para la que aún no estaba preparado, un regalo divino que me sirvió de guía para traerme hasta donde estoy, hasta saber quién no soy.

Hoy, después de quince largos-cortos y provechosos años, me siento ante este teclado con la mente lúcida y preparado para compartir mi proceso, poniendo orden y concierto en mi interior; y sobre todo, esperando ser de utilidad a personas que estén atravesando por algo parecido. Con sinceridad te digo, que éste es el libro que me hubiese gustado encontrar durante mi recorrido, en el cual, no supe dar con ese alguien que me acompañase en la forma adecuada, ese tránsito que hay que vivir en soledad, nadie lo podrá hacer por ti.

El imparable renacer del corazón, está compuesto por dos primeros capítulos algo más técnicos, basados en teorías bastante aceptadas y consolidadas, que hilo a modo de historia con mis propias elucubraciones, dándole sentido y coherencia a lo que aquí planteo. El primero trata la meditación y la evolución de la especie (filogenética) desde una perspectiva más global; y el segundo, de terapia, meditación y evolución personal (ontogenética), no estando dichas temáticas totalmente segmentadas, pues es inevitable que se entremezclen en ambos capítulos por la interrelación existente entre ellas. En el segundo capítulo pongo algunos ejemplos prácticos de mi propio proceso, pasando luego a desarrollarlos en la parte novelada, donde el lector tendrá la oportunidad de sentirse identificado o resonar con lo leído. Para concluir con algunas reflexiones, en un intento de aportar algo de luz al tránsito del miedo al amor que, en definitiva, es el viaje interior.

Algunos pasajes de estos dos primeros capítulos son algo específicos, destinados más bien a terapeutas, buscadores avanzados e incluso encontradores, pudiendo llegar a aburrir al lector no docto en el tema; o, por el contrario, despertarle la curiosidad y el deseo de profundizar en la materia. Debido a que desarrollar esta parte teórica, ocuparía más de lo deseado y a que nos saldríamos de la temática principal del libro, lo he dejado en una mera introducción, para que tú, lector, decidas profundizar o pasar de puntillas por esas páginas. Si optas por esta segunda opción, te adelanto que no altera el entendimiento final. Así que recomiendo no obcecarse en la comprensión de estos pasajes, pues podrás continuar leyendo e integrando el texto de igual forma. Incluso llegado el caso, te emplazo a leer primero la segunda parte, que comienza en el capítulo III, siendo ésta mucho más amena e igualmente didáctica.

También aviso de la reiteración de algún suceso, frase célebre o teoría, por venir a colación en diferentes momentos con temáticas coincidentes. El objetivo del libro es hacer llegar algo de esperanza a esas personas que sufren en silencio, que no conocen un momento de paz en sus vidas, ese vivir en el infierno interior, en el cual yo mismo estuve atrapado. Esta lectura puede ser igualmente interesante para aquellas personas que han vivido alguna experiencia mística y no se atreven a compartirla, a ellas en particular, puede que les resulte útil y liberadora.

Este precioso cuento Zen, nos muestra estos dos estados mencionados con anterioridad:

Un famoso y temido samurái fue a ver a un monje anciano. ¡Monje!, gritó el samurái. Enséñame sobre el **cielo** y el **infierno**. El monje miró al poderoso guerrero y le respondió con sumo desdén: ¿Qué te enseñe sobre el cielo y el infierno?

Nada puedo enseñarte. Eres un tonto y un patán. Eres indecente, una deshonra, una vergüenza para la estirpe de los samuráis. ¡Fuera de mi vista! ¡No te tolero! El samurái se puso furioso. Con el rostro enrojecido por la ira, incapaz de pronunciar una palabra, desenvainó su espada para matar al monje. El monje miró al samurái fijamente a los ojos y le dijo suavemente: "Eso, eso es el infierno". El samurái quedó paralizado, comprendió cuán piadoso era aquel monje que había arriesgado su vida para explicarle qué era el infierno. Bajó la espada y cayó de rodillas ante él, lleno de gratitud. Entonces, el monje dijo, con más suavidad si cabe: "Eso, eso es el cielo".

Otras vidas están llenas de verdaderos dramas, hechos traumáticos terribles que he podido presenciar en terapias grupales y en consultas individuales. El mío apenas es digno de mención. Lo importante es que sea de utilidad y nos valga de ejemplo para ver de una forma práctica cómo enfermamos y cómo podemos llegar a sanar. Mi familia y entorno, al igual que el de otros muchos; y aunque no lo entendamos, han sido perfectos, todo encaja en este gran teatro de la vida.

No hay víctimas ni verdugos, todos somos necesarios. Gracias a ellos ha llegado este momento. Cada cual ha cumplido su función, al igual que yo lo hice con otros, unas veces desempeñamos un roll y otras el opuesto.

Intento describir lo ocurrido de la forma más objetiva posible, dentro de lo que mi lente me permite. Estos hechos consiguieron llevarme al límite, a mi nivel óptimo de sufrimiento, empujándome a salir de mi zona de confort externa e interna, y con ello, al despertar.

Antes de comenzar con la lectura del primer capítulo, permíteme un consejo:

"No creas nada de lo que viene a continuación, todo es producto de mi experiencia, de mi mapa mental, de mi ilusión. Te ruego lo compruebes por ti mismo integrándolo, sin esa aportación, no tendría sentido, VÍVELO".

PRIMERA PARTE:

Marco conceptual

El fin de los tiempos del Ego

En una de las meditaciones que organiza **Joaquín García Weil** en su centro *YogaSala Málaga* e invitado por él, acudí con una compañera de la Facultad de Psicología. Al finalizar la meditación y tras la posterior tertulia, al presentarle a Joaquín y como si de consultar la hora se tratase, le preguntó más o menos así: ¿Qué es y qué utilidad tiene la meditación? Mi amigo, muy correcto en todo momento, se limitó a responder, como sin ánimo de convencer: "Meditar es esto que hemos hecho, y vale para sentirte cómo te sientes ahora". Respuesta que a mi amiga no le resolvió la cuestión. Ya en la calle y de vuelta a casa, me preguntaba el porqué de esa respuesta e insistía en no entender qué habíamos hecho en la sala. Para no desentonar, creo, seguí el rumbo fijado por Joaquín.

Como saben los meditadores expertos, dar respuesta a la pregunta es una tarea un tanto compleja. Podemos decir que es el acto de dejar pasar, de no engancharse en los pensamientos y emociones que aparecen, la dudosa opción de dejar la mente en blanco o pararla, de retirar el poder que le hemos concedido, para poder acceder a lo que en realidad somos a través de nuestros sentidos, un tanto atrofiados y bloqueados como los tenía *El caballero de la armadura oxidada* de **Robert Fisher**, volviendo a conectarnos con nosotros mismos como antaño. Parece claro que, como primer paso, podemos acceder a la presencia a través de cualquiera de nuestros sentidos, además de por la observación de la mente y de la propia respiración, única función vital que podemos llevar a cabo a voluntad y de forma automática.

Lo que consigue la meditación es que retomemos nuestro centro, conectándonos para que la mente pase a ser un instrumento a nuestro servicio y no al contrario, diluyéndose ese ego enjuiciador que nos separa a los unos de los otros y con todo lo que es, comenzando por nosotros mismos.

¿Por qué ocurre esto? Según nos cuenta **Taylor Steve** en su libro *La caída*, antes de las primeras civilizaciones, cuando se habitaba en pequeños grupos con un lenguaje pobre o casi inexistente y unas estructuras sociales simples, estábamos más conectados. Más adelante, la evolución de la inteligencia fue dando paso al desarrollo de medios técnicos más avanzados, y, por consiguiente, los grupos humanos fueron más grandes y la sociedad más compleja.

Derivando todo esto, en una mayor utilización del intelecto, que potenció y desarrolló aún más dicha inteligencia. Los avances trajeron consigo acumulación de riqueza, excedente de alimento, y con ello, la aparición del egoísmo y la avaricia, sentimientos que fueron ganando sitio en beneficio del ego, personaje impetuoso y astuto que nos hace creer que somos él.

Paralelo al desarrollo de la inteligencia y de la sociedad, aparece el lenguaje con su retórica y la posibilidad de hablar de tiempos pretéritos y futuros, y más determinante aún, pudimos hablar con nosotros mismos, dando paso a la dualidad, a la separación: "comimos así del árbol de la fruta prohibida, la mente". Una semilla o un animal no se preguntan quién es, ni cuál es su función o lugar en la vida, sencillamente lo ocupan.

Según el profesor **Dan Everett**, tras investigar durante más de treinta años el lenguaje de los Tirajás, tribu situada en la cuenca del Amazonas a su paso por las fronteras entre Perú, Colombia y Brasil, concluyó que su lenguaje carecía de retórica y numerología, su único tiempo era el presente, denominándola, por todo ello, *la gramática de la felicidad*, debido a que, en aquellos años de convivencia observó que su estado habitual era la felicidad, ya que nunca se preocupaban por situaciones ficticias creadas por su mente, sólo hablaban en presente; y si preguntaba por el número de hijos, se limitaban a responder muchos, pocos o lo normal. No podían decir una cantidad exacta; en cambio, sí podían nombrarlos a todos. El lenguaje nos ahonda en la dualidad, nos confunde, identificándonos con lo que habla y no con lo que observa.

Por otro lado, **Robert M. Sapolsky** en su libro, *¿Por qué las cebras no tienen úlceras?*, nos muestra cómo, al no encontrarnos en nuestro centro, vivimos en un estado de ansiedad casi permanente. Nuestro sistema nervioso simpático, sistema de lucha-huida, activado por lo general más tiempo del recomendado, puede ser predisponente y/o precipitante de enfermedades físicas (somatizaciones) y/o mentales. En cambio, si nos mantenemos presentes y en calma, el sistema inmunitario funcionará de forma adecuada, debido a que el principal sistema nervioso activo sería el parasimpático, relacionado con el estado normal de reposo, encargado de velar por la

homeostasis y el buen funcionamiento del organismo; conforme va tomando el mando, éste se armoniza y equilibra. Esto
cambia en los momentos de verdadero peligro, cuando es
necesario focalizar las energías en el sistema de lucha-huida,
sistema nervioso simpático. De forma algo burda podemos
decir, que el sistema nervioso parasimpático vela por la
protección del organismo interno y el simpático por la
protección, del conjunto, ante peligros externos.

Con la meditación logramos acallar la mente y reducir la
activación de la amígdala (implicada con las emociones y el
miedo), por medio de la activación del área prefrontal (inte-
rruptor natural de la actividad mental e indicador de madurez),
consiguiendo con ello presencia y toma de conciencia. La
actividad del hipocampo se ve modificada y se modulan los
sistemas sinápticos de neurotransmisores, entre otras consecuencias neurológicas en las que no vamos a entrar.

El siguiente paso sería habitar nuestro cuerpo, retomar el
trono cedido, siendo éste uno de los actos de mayor humildad
que podemos tener, dejar de estar en la mente pasando a la
presencia, aceptar la realidad tal cual es, para sentir y vivir
las emociones que aparecen a cada momento, sin enjuiciarlas
ni resistirnos a ellas. Esta quietud nos aporta la sabiduría
necesaria para un recto obrar desde esa información que nos
proporcionan las emociones, lo que sería *Atención Plena o
Mindfullness* de **Jon Kabat-Zinn**, basada en técnicas y
prácticas milenarias como la meditación *Vipassana*.

Una metáfora interesante para poder situarnos con respecto
a lo que es la mente y las emociones en nosotros, es la del
carruaje tirado por caballos: éste cuenta con un pasajero que
viaja en el carruaje (sin conciencia de ser el jefe), guiado por

un cochero (ego o mente) al mando, no teniendo éste el control de los caballos (emociones), por desbocados. Eso ocurre cuando olvidamos que somos el señor (conciencia) que viaja en el carruaje (cuerpo), ese lugar de quietud desde el cual debemos dirigir, haciendo un buen uso de la mente y las emociones como herramienta e indicativos respectivamente, que debieran estar a nuestro servicio en forma colaborativa, que no sometida. Pues todo ello forma parte de nosotros, al igual que nosotros formamos parte de un todo aún mayor. Lo que es adentro es afuera, y lo que es arriba es abajo, microcosmos y macrocosmos.

Si no retomamos nuestro sitio, si no cumplimos con nuestra función, seremos como la semilla que siente la necesidad de brotar y no lo hace, pudriéndose y no ocupando su lugar en el plan divino. Seremos un tanto desagradecidos con la vida.

Muchas religiones son coincidentes en valorar como pecado el suicidio, porque cada situación, por dura que sea, y escape a nuestro entendimiento racional, tiene un sentido y nos guarda una enseñanza. Al igual que cuando algo o alguien nos incomoda: detrás de esto tenemos un aprendizaje, un crecimiento, un tomar conciencia de algo. Hacemos de espejos los unos de los otros, somos alumnos y maestros en todo momento. Cuando algo nos molesta de alguien, puede deberse a una parte que no aceptamos de nosotros mismos, sea ésta por exceso o por defecto. Las sombras que nos muestra nuestro ego son oportunidades de crecimiento, si tenemos presente que, tras cada sombra existe una luz que la produce. Al igual que ocurre con los miedos: tras cada uno de ellos, hay un condicionamiento a resolver, aumentando con ello nuestro grado de libertad.

Nota aclaratoria: por la importancia y peso de los términos, **sombra y miedo**, a lo largo del libro, paso a explicarlos brevemente, comenzando por sombra, concepto que no está bien delimitado o definido. Cada escuela o tendencia le da su propio significado, o al menos, establece sus propios límites de forma arbitraria. En general, y grosso modo solemos entender la sombra como todo aspecto del inconsciente de la personalidad, caracterizada por rasgos y/o actitudes que no son conocidas ni aceptadas por nuestra parte consciente, simplificando la definición que le dio **Carl Gustav Jung**. En este caso, la utilizo principalmente para definir los traumas profundos velados al consciente, como mecanismos de supervivencia. Y para los rasgos catalogados como negativos por nuestra religión, los pecados capitales, correspondiendo con siete de los nueve eneatipos del **Eneagrama**, donde cada rasgo negativo esconde su propia virtud (luz que la proyecta). Al igual que ocurre con los miedos, que son indicativos o guías a seguir para nuestra liberación.

Alguno de estos rasgos, y poniendo los míos propios a modo de ejemplo, son:

- **1º Ira - Paciencia.** Perfeccionista e idealista (eneatipo).
- **2º Orgullo o soberbia y manipulador -Humildad.** Es ayudador y dador (ala).
- **7º Gula - Templanza.** Entusiasta y epicúreo (conectado por flecha).

Soy eneatipo 1, con ala 2 y me conecto por flecha con el 7. Difícil de identificar a estas alturas de mi proceso.

Si huimos de ellos, si los reprimimos y/o negamos manteniéndolos ocultos con aparentes buenas acciones desde el ego para ser aprobados y reconocidos por nuestro entorno, aumentamos e incrementamos su presencia en nosotros (al igual que con los miedos). En cambio, si los integramos, aparecerá de forma natural la virtud que esconde, siendo ésta nuestra esencia, lo que somos. Nuestro trabajo a realizar es precisamente éste, integrar nuestra sombra.

"Lo que niegas te somete. Lo que aceptas te transforma"
Carl Gustav Jung

Otro término, igualmente importante en la temática que tratamos, es el concepto miedo, diferenciando básicamente dos tipos de miedo: los que nos ayudan a sobrevivir y los que nos impiden vivir. Estos últimos, serían los que catalogo como miedos insanos, condicionamientos adquiridos que nos coartan la vida cotidiana, como puede ser, tenerle miedo a subir en ascensor, a hablar en público, etc. Los sanos son los que nos ayudan a sobrevivir ante situaciones de peligro real, como estar a punto de ser atropellado por un conductor que no respeta un paso de peatones. En mi opinión, mal denominado miedo, más adecuado sería decir: activación del organismo para afrontar una situación estresante que puede ser desde el miedo o no. Una persona presente y consciente se puede activar sin sentir miedo, al menos como lo entendemos desde la mente dual. Con lo cual, el miedo no depende realmente de lo que ocurre, más bien de cómo y desde dónde lo vive la persona.

En cualquier caso, los miedos tienen una función importante: los sanos, están para aceptarlos y salvarnos; y los insanos, son una oportunidad de crecimiento, están para trascenderlos y sanarnos. Al igual que las sombras, nos liberan si la afrontamos desde la integración y la aceptación, transmutándolas, pudiendo ser el miedo insano la manifestación de la sombra, por ser la consecuencia de un condicionamiento (trauma).

Otro inciso o nota aclaratoria breve, pero no por ello menos importante es que, a lo largo del libro, en diversos momentos, se utilizan los términos: "filtro, lente, software, ego, máscaras, armadura, falsa identidad o personalidad, etc..." como similares, aunque no siempre apunten hacia el mismo lugar, ya que cada uno tiene sus propios matices. Además de que sus significados, no son de fácil delimitación por ser terminologías de utilización reciente y de múltiples acepciones.

Las religiones, y en particular la católica, nos enseñan a huir de nuestro lado oscuro, del pecado. Nos matizan qué es el bien y qué es el mal, como si de actos concretos se tratasen, cuando no depende del acto en sí mismo, sino de su intención, como decir una mentira piadosa para evitar un mal mayor. ¿O acaso sería pecado mentirle a un maltratador sobre dónde se esconde su mujer, cuando éste la persigue para agredirla?

Entonces, ¿qué es pecado, que es pecar? En su etimología indoeuropea significa *ped, pie*, y con posterioridad, del latín, *tropezar o cometer una falta*. En su origen griego, *errar el blanco*. Los arqueros griegos lo utilizaban para denominar los lanzamientos fallidos. También se utilizó en el mundo espiritual y/o de crecimiento personal, como no estar en uno mismo, estar separado de...; en definitiva, errar el blanco, traicionarse a sí mismo, permaneciendo en cierto estado de disociación esquizo-paranoide alejados de la realidad e incluso viviendo una realidad paralela. El doctor en psicología y psiquiatría, antropólogo y actual icono mundial en Gestalt y Eneagrama **Claudio Naranjo**, diferencia entre pecado y patología por el grado de responsabilidad según la conciencia o separación que tenga el sujeto de la realidad, entrecruzando ambos términos sin fijar una línea divisoria clara entre los mismos.

Según los manuales para diagnóstico utilizados por psicólogos y médicos, **DSM-5*** y el **CIE-10***, las variables principales para determinar la buena salud mental del individuo son: la media poblacional, la adaptación al medio entorno habitual y el bienestar percibido por el sujeto, entre otras. ¿Y cómo puede ser referencia una sociedad a todas luces enferma? Tenemos y debemos introducir otro concepto de salud mental distinto a la buena adaptación a un grupo de referencia disruptivo y a su media poblacional.

A mi entender, habría de incluirse el grado de presencia y/o conciencia del sujeto como una de las variables principales en la determinación de la salud mental, además del grado de conexión con sus emociones, debido a que hay patologías como la psicopatía, que tienen un alto grado de presencia, pero no así de empatía. Aunque bien entendida, la presencia incluye conciencia sobre las emociones y sobre el propio cuerpo, además de tener en cuenta el grado de humildad del sujeto, debido a una más que posible correlación directa y positiva con la salud y la presencia.

La salud mental es probable que no sea otra cosa que el tan divinizado estado de iluminación. Visto como un continuo y desde una perspectiva lineal, tendríamos en un extremo las

---

* **DSM-5**. Manual Diagnóstico y Estadístico de los Trastornos Mentales, quinta versión.
* **CIE-10**. *Clasificación Internacional de Enfermedades, décima versión.*

psicopatologías o enfermedades mentales (mala o inexistente conexión a esta realidad dual), pudiendo estar conectados con la realidad no dual, pero no teniendo la herramienta (mente) en un estado de uso adecuado o de buen funcionamiento, por algún motivo, orgánico o no, para conectar ambos mundos. En un lugar intermedio, encontraremos a la mayoría de la población con cierto grado de enfermedad (falta de conexión y presencia), y en el extremo contrario, la tan ansiada salud (presencia o conexión), iluminación o estado original, conectando ambos mundos o realidades, dual y no dual, por un adecuado funcionamiento coherente de todas y cada una de nuestras partes.

Jack Kornfield, en su libro *Después del Éxtasis, la Colada*, nos habla de la iluminación como algo natural, y de la importancia de la terapia durante el proceso, normalizando dicho estado, que por fortuna y según parece, no es un fenómeno tan escaso en la actualidad. En las tradiciones o religiones más ortodoxas se ha relacionado con demasiada frecuencia con poderes, milagros y estados excepcionales que quiebran las leyes naturales conocidas. Quizás sea algo más sencillo, y una vez ahí, ocupamos nuestro lugar en el plan divino: unos serán hortelanos y otros líderes espirituales. Lo importante, es que cada cual ocupe su lugar y cumpla con su cometido en la vida una y con el Uno, desde una felicidad y quietud no exentas de emociones, sean éstas entendidas como positivas o negativas, formando todas ellas parte de la vida. Por lo tanto, el grado de salud o patología lo determinaría nuestra presencia rasgo o estado, como estado de presencia habitual o estado conseguido a voluntad en un momento puntual.

Hasta donde llegan los conocimientos actuales de la psicología, cuando el área prefrontal de un adulto se desarrolla, sucede la madurez, encontrando diferencias de tamaño y activación entre sujetos jóvenes y adultos maduros. Esta área tiene una estrecha relación con la toma de decisiones; si no está desarrollada, correlaciona con decisiones impulsivas y temperamentales, como les sucede a sujetos no maduros y adolescentes. También se observa una correlación inversa entre la actividad prefrontal y la amígdala. Un buen desarrollo de todo ello correlaciona con meditadores experimentados, con lo cual la meditación se presenta como una herramienta efectiva para contribuir a una buena salud mental y física, debido a que muchas de las enfermedades físicas son psicosomáticas.

En algunos casos, hay personas que cuando llegan a sus primeras meditaciones se ponen nerviosas y se les acelera la mente, dificultando con ello la labor meditativa desde la no acción. Incluso ese momento de darse cuenta, puede ser impactante, el ego se defiende, su poder corre peligro. Nos autoengañamos y volvemos al piloto automático, mejor olvidarnos de todo. Pero tenemos que hacer saber a quienes se inician, que siempre hay una meditación para cada persona. La meditación activa (**Diker** o **Hadra** del sufismo, entre otras) o guiada, igual va mejor para este tipo de personas, de alguna forma se les da un hueso a roer a modo de mantra.

Para finalizar este capítulo, hablaremos de la teoría del Mono Loco debido a su importancia y necesidad. Si no fuese por ese primer mono que bajó del árbol siendo devorado por los depredadores; si no fuese por él y los que le siguieron, no seríamos bípedos, nunca hubiésemos evolucionado; seguiríamos andando por los árboles a cuatro patas o nos hubiésemos extinguido, como le sucedió al hombre de Neanderthal por cuerdo o prudente. Esto es lo que hicieron grandes personajes históricos como Buda, Jesucristo y otros muchos, anónimos para la mayoría. Bajaron del árbol siendo asesinados por aquellos que veían peligrar sus estructuras y posiciones de seguridad y poder, por miedo al cambio, a la pérdida. Fueron seres despiertos que veían más allá, personas que dieron esos primeros pasos enseñando el camino a otros que lo continuaron, incluso dando su vida en pos de la evolución. Dichos sujetos carecían de adaptación al medio y a su época; en cambio, sí que gozaban de una buena salud mental y de un estado de presencia y conciencia excepcionales en aquel entonces.

"Cuando todos piensan igual, es que nadie está pensando"
Anónimo

Quizás en un tiempo no muy lejano, sea la gran masa la que despierte. Esa masa crítica de la que tanto se ha hablado: el periodo del fin de los tiempos, el tan temido y anunciado fin del mundo conocido, ese tiempo en el que las personas serán juzgadas. ¿O será algo más benigno? Ese arrobamiento que describen las escrituras, que hará desaparecer a las personas para ser llevadas al paraíso. ¿No será la iluminación? Y lo que se describe como el fin de los tiempos, ¿sea el final de los tiempos del ego? Quizás, y solo quizás, en breve el ciervo descanse junto al león. Y para que esto suceda, debemos ser un instrumento en manos de Dios, para que su música suene a través de nosotros.

CAPÍTULO II

Evolución y sanación a través de la toma de conciencia. Terapia y meditación.

Luego de tratar la evolución de la especie (perspectiva filogenética), lo haré desde una perspectiva ontogenética, para así completar el marco general de referencia, y por fijar el hilo conductor del libro, el proceso de búsqueda y encuentro de una persona; en este caso, el mío propio.

Mi deseo de escribir surgió con mi nacimiento, el día que intenté huir de la vida para encontrarme con lo supremo, lo inefable, lo innombrable. Ese día entendí que debía compartir lo vivido, para que otros supieran que otra vida es posible, otra realidad dentro de ésta. El viaje, el único viaje posible, es hacia dentro. Para acabar con esas creencias limitantes que nos poseen, hay que morir en vida y renacer a lo que somos.

Comencemos por el inicio, por la concepción y el alumbramiento, sin entrar de momento en la mochila transgeneracional que traemos incorporada de serie. Esa carga genética que contemplan algunas escuelas en la actualidad, y que la ciencia también está validando a través de la Epigenética. Las mismas escrituras nos dicen que arrastramos tres o cuatro generaciones los pecados cometidos por nuestros ancestros, y en terapias o escuelas como la Biodescodificación, Bioneuroemoción y

Constelaciones Familiares, entre otras, también contemplan esta variable.

A nuestra llegada a un mundo nuevo, al menos distinto del anterior, tenemos que adaptarnos y desarrollarnos evolutivamente. Primero somos uno con todo, o no somos nada, no sabemos. Lo que sí sabemos es que nos formamos en la madre, sin existir como unidad independiente, hasta que nos separamos de ella. Luego, por medio de nuestro proceso evolutivo, va sucediendo nuestra separación psíquica con la formación de la propia identidad. Esto nos lo muestra el psicólogo suizo **Jean Piaget**, en su teoría sobre los estadios evolutivos, donde se muestra el desarrollo del niño y su independencia de la madre, a la misma vez que se va formando la personalidad, falsa identidad o ego.

En términos más sencillos y directos, de lo que trata este desarrollo evolutivo es de la realización como sujeto independiente, adaptándonos a un entorno para conseguir ser aceptados por éste. Necesitamos en primer lugar la atención y luego, si es posible, la aprobación y el cariño, el reconocimiento de nuestros referentes y/o personas de autoridad. Si no fuese así, si no conseguimos ser reconocidos con aprobación y cariño por buenos actos, lo haremos con las acciones que surtan efecto, aun a costa de recibir castigos, necesitamos existir, ser visibles al resto, en la forma que sea, de ahí el dicho: no hay peor desprecio que el no aprecio. Por eso hay personas que, a nivel inconsciente, confunden los malos tratos y la posesión con manifestaciones de amor, pues fue la única forma de atención que consiguieron y/o tuvieron en su infancia.

De ellos, de nuestros cuidadores, depende nuestra supervivencia. Entramos a formar parte de un medio, más o menos hostil, desarrollando máscaras y armaduras que nos permiten estar, aun a costa de no ser. La pirámide de **Maslow** es crucial para este entendimiento. Si no tenemos la base que sostente la cúspide, la autorrealización no existiría, o al menos sería más complicada; lo primero y primordial, es la supervivencia.

Llegamos con suerte a una familia donde hay un papá y una mamá, y en ocasiones, algún hermano/a que ya tiene su lugar en el clan. Para encajar en dicho entorno y ocupar nuestro sitio, representamos los roles que nos demanda el ambiente, adoptando una impostura. Dejamos de ser naturales en la medida que el medio nos lo exige. A más dificultad, mayor será nuestra separación y alejamiento de nosotros mismos, de nuestra autenticidad. Como es lógico intervienen otras variables, como la sensibilidad del sujeto, la mochila transgeneracional que arrastre, el orden de nacimientos entre hermanos, la sociedad a la que pertenezca y sus costumbres, etc.

En forma resumida, paso a explicar algunas teorías, que por su importancia en la formación de la personalidad y por su influencia en la posterior forma de relacionarnos, son relevantes, como los tipos de vínculos o apegos afectivos, que aparecen en las primeras investigaciones del psiquiatra y psicoanalista **John Bowlby**, y su posterior mejora por la psicóloga del desarrollo **Mary Ainsworth**, también usada en la psicoterapia Bioenergética de **Alexander Lowen**, que contempla cuatro tipos de vínculos (Seguro, Ansioso-Ambivalente, Evitativo y Ansioso-Desorganizado) con la figura de apego principal (en la mayoría de los casos, la madre), y la secundaria,(en general, el padre, al menos en la primera infancia). En la adolescencia y edad adulta pasan a tener el siguiente orden de importancia: pareja, amigos, hermanos y padres.

Esta teoría mantiene que, según el vínculo establecido con esa primera figura de apego principal, desarrollaremos uno de estos tipos, con su consiguiente manifestación en la vida adulta, relacionándonos con los demás en función del mismo.

APEGO ADULTO		+ Baja	DEPENDENCIA	- Alta
+	Baja	**SEGURO** Bienestar con la intimidad y la autonomía.		**ANSIOSO-AMBIVALENTE** Preocupado Muy dependiente.
	EVITACIÓN			
-	Alta	**EVITATIVO** Ausencia Negación del apego.		**ANSIOSO-DESORGANIZADO** Miedoso Miedo a la intimidad, socialmente evitativo.

La segunda teoría, la tipología de socialización familiar, de **Palacios y Moreno** (1994) y de **Ceballos y Rodrigo** (1998), está basada en el entrecruce del aporte de límites y cariño.

Exigencias y control	Afecto y Comunicación	
	Alto	Bajo
Alto	*Democrático*	*Autoritario*
Bajo	*Permisivo*	*Negligente*

Podemos comprobar que el sistema educativo tiene un efecto directo en la creación de la identidad; y, por consiguiente, en la construcción de quien a posteriori terminamos creyendo ser. Todos hemos dicho u oído alguna vez: *yo soy así, es mi forma de ser.* Esto nos demuestra que terminamos identificándonos con algo que surge de forma artificiosa, y que, por consiguiente, no somos.

En la primera infancia, los niños necesitan sentirse protegidos, sin sobrepasar los límites aconsejables. Si caemos en la sobreprotección sería otro tipo de maltrato, debido a que impedimos una adecuada evolución, desarrollo y autorrealización del niño. Como ya he mencionado, el niño precisa una figura de apego principal, por regla general la madre (siendo cruciales los primeros siete años de vida), que le proporcionen junto con su padre: Límites, Cariño, Raíces y Alas. El padre entrará en su vida con mayor peso a partir de los cuatro años, incrementando su presencia a los seis o siete, que es cuando el niño/a comienza a explorar el mundo exterior. Ayudando a la crianza, la familia extensa; como en muchas tradiciones ancestrales, en las que la educación de los niños era cosa de la tribu, al margen de la mayor responsabilidad e implicación de sus progenitores.

Quiero resaltar y no dejar pasar por evidente, que la mayor parte de la formación de nuestra identidad e impronta ocurre en la primera infancia, cuando nuestro cerebro está diseñado para ello. En este periodo es más flexible y plástico, absorbiendo con más facilidad la nueva información, además de que estamos más indefensos y somos más maleables.

Los padres o referentes, aparte de por el sistema educativo que utilicen, también dejan su marca con los mandatos parentales. Estos pueden ser limitantes o potenciadores. Son esas frases enjuiciadoras que dicen los padres, cuidadores o referentes de los niños, cuando sentencian algo como: "eres malo, eres un desastre, jamás aprenderás o eres tonto", en lugar de separar la conducta, de la persona que la realiza, como sería el caso, si decimos: "este hecho concreto no es un acto generoso por tu parte, y los dos sabemos que tú sí lo eres". Incluso así, separando el acto de la persona, que al menos no sentenciamos de forma negativa, estamos condicionando la conducta del niño, lo que por otro lado es inevitable. Venimos de la unidad donde no existe el otro, y de forma progresiva el niño va aprendiendo las reglas que rigen el mundo de la materia.

Una práctica habitual de los padres es volcar en los hijos sus frustraciones y miedos. Padres que, por el motivo que fuese, no estudiaron y quieren que sus hijos sean doctores y/o tengan varias carreras, y si es posible, la que ellos no hicieron. Al igual que ocurre con nuestros miedos, sean estos conscientes o inconscientes, los niños los perciben, somatizándolos e integrándolos, quedando condicionados por ello (más adelante profundizo), o de forma explícita, con la excusa de la protección y la prudencia, como cuando decimos: "niño ten cuidado con la bici, te vayas a caer, no hagas eso o aquello que es peligroso".

En caso de padres controladores, que no permiten que sus hijos elijan ni tan siquiera den su opinión sobre la ropa a ponerse, diciendo: "ya lo harán cuando sean mayores, ahora tienen que hacer lo que yo diga, faltaría más". Estos padres deberían saber que la toma de responsabilidad se adquiere de forma paulatina, no de un día para otro. Puede que, de adultos, esos niños no sepan qué les gusta o apetece, puede que se vean con cuarenta años preguntándole a su madre o a su pareja qué ropa ponerse.

Siendo evidente con todo ello, que los referentes o criadores, influyen de forma decisiva en la construcción de nuestra personalidad y/o software básico. Si le seguimos la pista al origen de la palabra personalidad, encontramos persona, y la etimología de ésta, nos remite a máscara. Entonces, podemos deducir que es algo falso y/o adquirido, ocultando quien realmente somos, incluso a nosotros mismos. Con suerte, nos vamos formando unos valores y principios que dan lugar a unas creencias, a través de las cuales vemos y compartimentamos lo que nos rodea, situándonos con respecto al mundo y a la idea que nos formamos del mismo. Creamos un mapa, filtro o lente, a través del cual vemos la realidad, no tal cual es, sino tal como somos o creemos ser en ese momento.

No vemos las cosas como son, sino tal como somos
El Talmud

Ahora vamos con los impactos que produce nuestro entorno en forma de condicionamientos, dejando una huella casi indeleble en nuestra lente, funcionando a modo de surco en un disco de vinilo, que no puede dejar de repetirse mientras el disco esté girando. Aunque, cuando hablamos de condicionamientos, no sólo hay que tener en cuenta los traumas que vamos a tratar a continuación: contamos con otros de menor gravedad, igualmente relevantes para la creación de nuestros automatismos, a pesar de lo cual, los factores que se enumeran sí son los más importantes.

Comenzamos con los condicionamientos más profundos. **Según la Nueva Medicina Germánica (NMG) del Doc-**

tor Hammer, el **Síndrome de Dirk Hammer (DHS)** consiste en sufrir una experiencia donde se dé una situación inesperada, percibida como peligrosa, vivida en soledad y aislamiento, que entrañe un peligro real o imaginario. Este acontecimiento causa un impacto simultáneo en la psique, la mente y el soma (cuerpo).

Una etiqueta más entendible para los ortodoxos de la psicología, es el **Trastorno por Estrés Postraumático (TEPT),** teniendo que darse un mínimo de los siguientes requisitos:

Exposición a la muerte, lesión grave o violencia sexual, bien sea por una experiencia directa, presenciada o contada por otros, producida por un solo impacto o por exposición repetida, además de tener una serie de síntomas, como: recuerdos recurrentes, sueños angustiosos, reacciones fisiológicas, consecuencias en la memoria y expectativas negativas en los acontecimientos, entre otras que no vamos a enumerar ni profundizar por extensas, además de ser datos teóricos que podéis encontrar en la quinta versión del manual para diagnósticos y estadísticos de trastornos mentales **DSM-5**.

No siendo ambas etiquetas incompatibles, ni cosas distintas, tan solo categorías establecidas desde dos tendencias diferentes, con sus matices respectivos. En ambos casos, el organismo se bloquea ante una situación que nos sobrepasa, dejándonos una impronta que nos puede condicionar el resto de nuestra vida, además de las consecuencias que puedan manifestarse en el organismo en forma de enfermedad o disfuncionalidades varias.

Estos sucesos, nos sumergen en mayor o menor medida en el inconsciente. Esto es lo que se conoce como el fotograma caído, momentos en los cuales perdemos el contacto con la realidad y se nos vela un fotograma. Como si nos escondiésemos dentro de nuestra mente y cerrásemos los ojos al no soportar la realidad presente, como el niño que piensa que, si no lo ve, no existe. Lo reprimimos, quedando la emoción oculta, por no tener la oportunidad o capacidad de vivirla en el momento en que ocurre, en ocasiones a edades en las que no contamos con los medios de afrontamientos necesarios y/o suficientes.

Habrá personas que al leer el relato de mis sucesos traumáticos piensen que son terribles y no comprendan que diga lo contrario; a mí también me lo parecieron cuando comencé mi proceso, y ciertamente lo fueron. Pero después de comprobar la dureza de otros casos, que a mi entender rozan lo insoportable e inhumano por su crueldad, el mío se normaliza. Utilizo estos términos sin ánimo de enjuiciar a los causantes del daño, cada uno hace lo que puede y/o sabe. Pensemos que es la ignorancia la que empuja a actuar así, que no hay intención de dañar. Al final, de una u otra forma, todos buscamos lo mismo: felicidad y amor. Y aún no sabemos o no hemos integrado que el otro no existe, que somos él.

Ejemplos de lo anterior, vividos en mis propias carnes, son:

- Una paliza que recibí sobre los 8 años, como castigo por agredir a mi opresor. Si en su lugar hubiese encontrado comprensión y escucha, este hecho es posible que se hubiese convertido en un rito de paso. Pero entonces no hubiese reproducido lo vivido por mi abuelo, siendo a la postre de lo que se trataba. De reproducir el programa y engrama del árbol. Este suceso lo amplío más adelante.

- Lo que más secuelas me dejó, fue un **Trastorno por Estrés Postraumático (TEPT)** a la edad de siete años aproximadamente, debido a una situación vivida como tortura, al ser inmovilizado entre varios adultos mientras un médico me infligía un gran dolor, al extraerme unas agujas infectadas y adheridas a las carnes internas del brazo, antes de haber hecho efecto la anestesia local, que decía haberme suministrado. Dichas agujas partían desde el codo hasta el inicio de la muñeca. Salí de quirófano en un charco de sudor y lágrimas. Sufrí tal impotencia, que las consecuencias fueron: tics nerviosos faciales, irritabilidad injustificada, sueños angustiosos, problemas de concentración y memoria, tensión física y psíquica constantes y expectativas negativas en los acontecimientos. Es evidente que esto también es un **Síndrome de Dirk Hammer (DHS)**.

Cuando de adulto comencé a interesarme por estos temas, mi madre me comentó que antes de este incidente era un niño normal, más bien tranquilo y noble. Según me explicó, no tuvimos un buen recibimiento en el hospital, al menos no el esperado. El médico de urgencias se negaba a examinarme, mantenía que no tocaba revisión ni sacar las agujas, afirmando que todo estaba bien. Mi madre insistió, incluso se enfrentó a él, cosa no habitual en ella. Estaba segura de que me pasaba algo, tenía fiebre y me dolía. El médico se alteró y en presencia de otros, me descubrió de forma brusca la parte que cubría el codo. En ese momento salió un chorro de pus inundando la sala de un hedor insoportable. Estaba infectado, quedando en evidencia delante de todos. Lejos de pedir disculpas y alarmado por lo que vio, me llevó de inmediato a quirófano. Aquello tenía mala pinta, estaba podrido, podía perder el brazo. Lo que pasó dentro y su actitud para conmigo pudo ser consecuencia de ello, no lo sé, el caso es que, ante mis quejas, se limitaba a decir tal que así: "Niño, no te puede doler porque estás anestesiado, tú lo que tienes es mucho cuento", mientras era sujetado por personal sanitario, mandado por él. En los rostros de alguno de ellos, pude percibir su lástima.

Una consecuencia llamativa de este hecho fue la siguiente: al tiempo padecí unos intensos dolores en la zona de la ingle derecha. No daban con la causa; debido a que, cuando me llevaban a urgencias, apenas veía el hospital desaparecía el dolor. Era increíble, podía parecer que era una forma de llamar la atención. Por fortuna, mi madre me llevó a un reconocido especialista que me diagnosticó apendicitis, me operó, y con ello desaparecieron los dolores.

Esta es la sabiduría de la naturaleza para hacernos sobrevivir. Cualquier suceso que nos sobrepase, queda grabado de forma que, ante situaciones similares o estímulos que recuerden la escena original, saltará el mecanismo y pasaremos a modo automático, con la consiguiente falta de presencia. Esta última, la presencia, es clave en lo que planteo. Pueden ser situaciones cotidianas, como un niño que es mandado a callar a destiempo o sin tacto, dejándole una marca (tartamudeo, enrojecimiento, temblores, sudoración, etc.), que puede manifestarse en el futuro cada vez que hable en público. Aunque siempre es más importante el cómo lo viva el sujeto, que el suceso en sí mismo, siendo cruciales las diferencias individuales. Cosa muy presente, y a tener en cuenta en los sistemas educativos, si me permiten y a modo de inciso, ¿han oído alguna vez la siguiente frase de algunos padres?:"Los hemos educado igual a todos y mira *Pepito* como nos ha salido". Para que un sistema educativo o de cualquier otra índole sea igualitario, se deben tener en cuenta las diferencias.

Continuando con los condicionamientos, no olvidemos que el cúmulo o exposición repetida a sucesos traumáticos, es un factor de riesgo. Una persona, sobre todo en la infancia, que sea expuesta con frecuencia a sucesos traumáticos menores, se ve afectada en mayor grado ante un nuevo suceso. Como consecuencia de ello, solemos permanecer en un estado vibratorio de miedo, pudiendo atraer este tipo de conflictos o situaciones a nuestra vida. La armadura o falsa identidad, por lo general será mayor cuanto más problemáticas sucedan, dando una imagen distorsionada de fortaleza. Estos condicionamientos se pueden adquirir antes de lo que pensamos. Durante el embarazo, el feto o bebé somatiza la problemática de la madre, incluso hasta la edad de seis o siete años. Como hemos visto, la separación como individuo no se lleva a efecto hasta esa edad, quedando fijada con ello las bases de la personalidad.

Por ejemplo, si estando la madre embarazada, a ésta le resulta indigesto un determinado alimento, éste puede quedar grabado, y de adulto, no gustarle o no soportar este alimento. Otro ejemplo sería que la madre sintiese miedo o rechazo a una determinada etnia, y al estar cerca de un miembro de la misma, el niño percibiese la emoción de la madre, pudiendo quedar condicionado por ello. Luego de mayor, y sin saber por qué, es posible que sienta emociones similares hacia personas de esta etnia o ante estímulos asociados.

Un caso curioso es el de un amigo que visitó el país de origen de su pareja, no recuerdo cuál, pero seguro era nórdico. Por error o despiste, entró con el coche en un barrio marginal y ciertamente peligroso. Ella se asustó y alarmada le pidió que por favor saliesen de allí lo antes posible. Mi amigo no entendía por qué su mujer sentía miedo, si todos eran rubios y de piel clara. Al ser latino, él sentía tranquilidad, tenía asociado los barrios peligrosos con personas de piel y cabello oscuros.

Estos condicionamientos provocan una serie de automatismos que son activados por estímulos sensoriales llamados raíles o anclajes en **Programación Neurolingüística (PNL)**, en **Bioneuroemoción (BNE)** y en la **Nueva Medicina Germánica (NMG)**, también llamados estímulos en sus múltiples variables por la psicología conductista. Estos *estímulos* nos evocan un estado, nos hace presente un recuerdo y/o nos genera un comportamiento.

El organismo desencadena el automatismo en un intento de protegernos ante determinadas situaciones que identifica previamente como peligrosas. Muy útil en su forma original de supervivencia; a veces no hay tiempo de pensar en forma consciente, pudiéndonos ir la vida en ello. Imaginemos que vamos por el bosque y entrevemos en la maleza algo que se parece a una serpiente, sentimos miedo y entramos en estado de alerta. Primero hay que protegerse, luego ya comprobaremos si es una rama o una serpiente, y si ésta es peligrosa o no, ya que nuestro proceso cognitivo es más lento y no nos permitiría procesar toda la información a esa velocidad. Estos resortes activan programas guardados filogenéticamente (primer cerebro, reptil), o por experiencias previas (segundo cerebro, paleomamífero), tendentes a una determinada forma preestablecida de actuar ante determinadas situaciones o estímulos asociados a la misma.

Para que se entienda mejor lo expuesto, paso a explicar en

forma resumida la conocida como *hipótesis del cerebro triple* de **MacLean (1970)** muy aceptada por la ciencia hasta la fecha. En ella se mantiene que nuestro cerebro consta de tres circuitos de procesamiento principales con diferentes velocidades de funcionamiento, siendo ésta una teoría evolutiva, donde partimos del sistema cerebral o cerebro más antiguo filogenéticamente hablando, hacia los de reciente aparición.

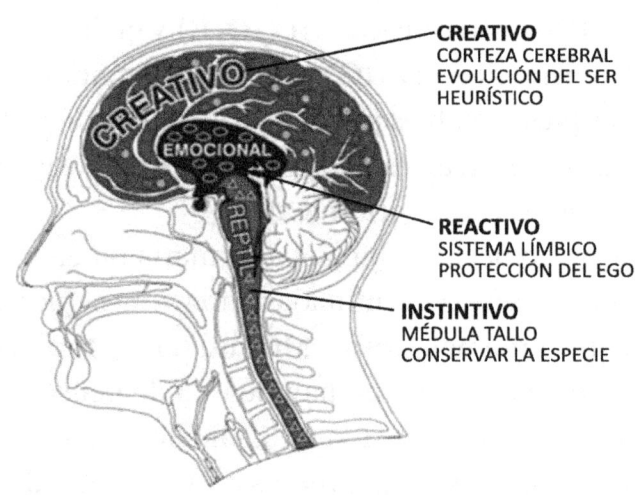

CREATIVO
CORTEZA CEREBRAL
EVOLUCIÓN DEL SER
HEURÍSTICO

REACTIVO
SISTEMA LÍMBICO
PROTECCIÓN DEL EGO

INSTINTIVO
MÉDULA TALLO
CONSERVAR LA ESPECIE

Teoría del cerebro triple

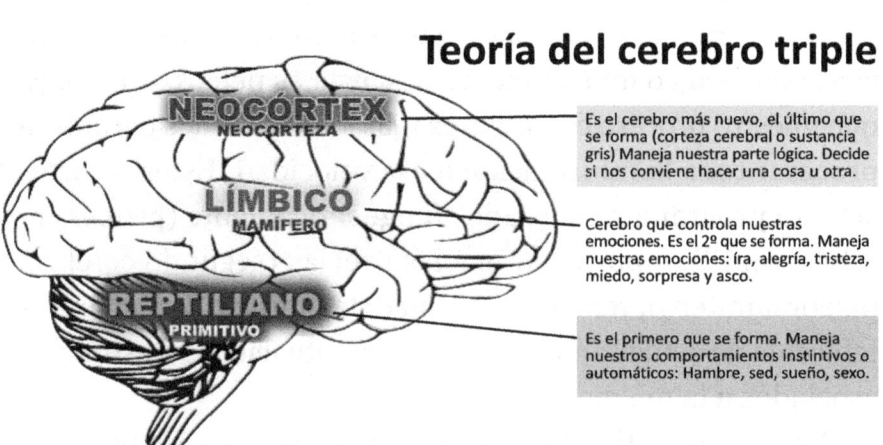

Es el cerebro más nuevo, el último que se forma (corteza cerebral o sustancia gris) Maneja nuestra parte lógica. Decide si nos conviene hacer una cosa u otra.

Cerebro que controla nuestras emociones. Es el 2º que se forma. Maneja nuestras emociones: ira, alegría, tristeza, miedo, sorpresa y asco.

Es el primero que se forma. Maneja nuestros comportamientos instintivos o automáticos: Hambre, sed, sueño, sexo.

Estos son:

1º *Cerebro reptil* (protorreptiliano u homeostático).

Compuesto por el tronco cerebral, es el más antiguo e instintivo, encargándose de regular las funciones básicas para la supervivencia. De funcionamiento autónomo y estereotipado, con comportamientos reflejos e inflexibles.

2º *Cerebro paleomamífero* (emocional o límbico).

Lo componen las estructuras del sistema límbico que sustentan la mayoría de los fenómenos emocionales.

Según **Rains** (2004) la principal función sería la integración de la experiencia actual y reciente con los instintos básicos activados por el cerebro reptil, obteniendo con ello un mecanismo de supervivencia automático, activado por estímulos ambientales, liberando al organismo en cierto grado de la expresión estereotipada de los instintos y dotándolo de mayor capacidad de interacción con su medio.

3º *Cerebro neomamífero* (neocortical o racional).

Comprendería las diferentes áreas neocorticales filogenéticamente más recientes. Regula emociones específicas creadas a partir de las percepciones e interpretaciones, en función de los objetivos del propio organismo, siendo por lo tanto una de sus funciones la regulación de la respuesta emocional, propiciando un comportamiento más flexible.

En condiciones normales estos tres cerebros trabajan conjuntamente dando una única respuesta. No obstante, en situaciones de emergencia, los sistemas primigenios pueden raptar los recursos cerebrales del resto del sistema en pro de la supervivencia u homeostasis del organismo. Esto es debido a las jerarquías neuronales, **Perna** (2005), basada en la mayor proporción de conexiones nerviosas que se proyectan desde los sistemas primigenios hacia los evolutivamente más recientes, que las conexiones que existen en dirección inversa.

Con lo cual, los condicionamientos que forman nuestros automatismos, pertenecen principalmente a este segundo cerebro (sistema límbico o emocional), donde quedan archivados los estímulos o raíles que desencadenan emociones, pensamientos y acciones involuntarias o automáticas. Y, por otra parte, influyen en las decisiones y acciones que tomamos con nuestro tercer cerebro (neocortical o racional), continente principal junto con el anterior, de la lente o prisma, a través del cual, percibimos y filtramos la realidad distorsionándola, dándonos una visión subjetiva del mundo y nuestro entorno.

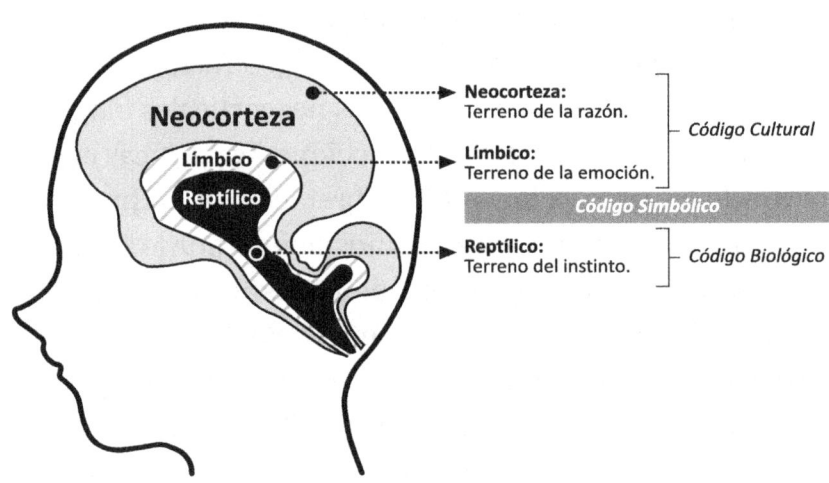

Antes de realizar mi intrépido y temerario viaje a la India, del cual hablo en el capítulo siete, manifestaba que mi intención era ir a cometer un asesinato. Pocos lo entendían, incluso los que más se acercaban a ello, preguntaban: ¿Y por qué no llamarlo suicidio? Pues porque el ego no soy yo, solo es un servidor útil del que hay que desprenderse, cuando su impostura llega a su fin. Dicha meta era demasiado ambiciosa en aquel momento del proceso, además de irreal, no se trata de un enfrentamiento abierto, sino de aceptarlo y transmutarlo, quedando en todo caso en otro nivel de utilidad, cumpliendo su función de una forma más sutil, indicándonos el camino a seguir.

Aunque a veces puede dar buenos y abundantes frutos apuntar alto. Gracias a ese viaje realicé una introspección que, en condiciones normales, no hubiese conseguido. Tomé conciencia de los principales traumas que marcaron mi vida. Entendí de mis automatismos, de las reacciones ante determinados estímulos, y de los patrones de repetición que conllevaron. Lo que en Bioneuroemoción llamaríamos codificaciones básicas o programas. Incluso deduje la relación de estas con mis ancestros.

No es que sus consecuencias o manifestaciones desapareciesen de forma radical, pero sí se atenuaron y perdieron poder sobre mí, ganando presencia como consecuencia de ello. Aquel viaje me abrió todo un campo de trabajo y oportunidades, de las que aún hoy continúo sacando beneficios.

Como era de esperar, mi familia y entorno más cercano no lo entendió. Para ellos era algo más sencillo, volvían a hacer uso de la etiqueta, incluido lo que de mandato parental y transgeneracional llevaba: "Este niño, como su abuelo, no está bien". A veces, durante mi proceso, llegué a pensar que llevaban razón. Conforme fui avanzando en el pulido de mi lente, la transmutación de lo falso en mí, sucedía, dando paso a lo real, a la sanación y a mi crecimiento personal, manifestándose en el presente de las siguientes formas:

- Estoy más en contacto conmigo mismo, con mi cuerpo, mis emociones y, sobre todo, con mi instinto e intuición.

- Disfruto del día a día, no enjuicio con la misma facilidad que antes, y cuando ocurre, tomo conciencia de ello. Más bien, me centro en los hechos objetivos sin etiquetar a las personas ni sus actos.

- Los sueños fueron cambiando; de ser sueños problemáticos vividos con impotencia y frustración, a sueños más conscientes, donde las problemáticas las resolvía mejor, sintiéndome más seguro y poderoso. Dichos sueños, comenzaron a ser más lúcidos y agradables, el miedo dejó de ocupar un lugar predominante. Esta toma de conciencia se iba manifestando de igual manera en la vida diaria.

Antes de que mis sueños se tornasen problemáticos, hasta la edad de siete años aproximadamente, recuerdo que eran lúcidos y me manejaba a voluntad en ellos. Había uno que se me repetía. En él daba grandes saltos por el campo, hallándome en estado de felicidad y plenitud. Esa misma sensación e inocencia la vivía en la realidad, cuando bajaba la montaña de la finca de mi padre dando grandes zancadas.

- En la actualidad, pocas veces imagino situaciones problemáticas inexistentes, me siento con más poder y mis sensaciones son agradables. Encuentro mejor actitud en los demás para conmigo y de mí para con ellos. No suelo etiquetarlas situaciones ni a las personas como positivas o negativas; me limito a vivirlas aceptándolas tal cual son, y por supuesto, tomando las medidas necesarias que estime oportunas.

Las emociones por sí mismas tampoco son positivas o negativas, nos adentran en la vida, además de ser una buena guía; al igual que los testigos de avería del salpicadero de un automóvil, nos indica lo que está ocurriendo, la problemática del vehículo. Emociones como la tristeza, las acepto y las utilizo para entrar más en mí; transmutando lo que no es mío en esencia. *Sentir es vivir, con independencia de lo que sintamos.* Otra cosa distinta y nada sana es quedarse anclado ahí, revolcándose en el fango, regocijándose en el odio, el victimismo y la desgracia.

- Tenía aversión y asco a la nata que se forma en la leche, provocada por un condicionamiento adquirido cuando por accidente, paladeé una cucaracha envuelta en nata de leche. Una vez superado, me encanta consumirla.

- Era receloso al manejo de cuchillos, incluso antes de conocer la historia que la produjo (mi abuelo cometió una agresión con un arma blanca). Este miedo desapareció de forma progresiva y natural conforme fui tomando conciencia y presencia en el día a día. En este caso, saber de dónde venía no fue resolutivo, incluso pudo tener el efecto contrario. Es un hecho que aún conmueve a la familia, y del cual no se habla.

- Un miedo excesivo a las alturas, especialmente en edificios que no tuviesen lugar donde asirme. De pequeño, estando en urgencias del hospital, presencié la entrada de un accidentado en unas condiciones terribles. Se había caído desde una quinta planta cuando instalaba un tendedero para la ropa. Falleció a los pocos minutos de ingresar. Imagínense el impacto. En la actualidad, es normal y nada excesivo el respeto que le pueda tener a las alturas. De hecho, en el verano del 2015 realicé mi primer salto en parapente.

- He perdido la fobia a las serpientes de forma radical; de no poder verlas ni en fotografía, pasé a ser fotografiado con dos enroscadas al cuello. Este condicionamiento fue adquirido por aprendizaje vicario (observación). Era un animal que mi padre no soportaba.

- Al igual que la aversión que le tenía a los hombres, en particular a los homosexuales. No soportaba el contacto físico que no denotase hombría, como estrechar la mano y demás. Los besos familiares me repelían, lo pasaba muy mal, tampoco estaba acostumbrado ni me gustaba recibir abrazos. Todo esto quedó atrás y hoy día no me produce aversión ni alteración de ningún orden, tengo el vínculo o contacto que requiera cada situación.

Esta problemática fue debida a las relaciones tempranas con otro niño cinco años mayor. Estas me produjeron gran confusión, dado que cuando un niño tiene relaciones sexuales, no sabe lo que está haciendo, ni las suele percibir como abuso. Debemos tener en cuenta que en algún momento es normal que comencemos a experimentar y a descubrir el sexo, el problema aparece cuando no se hace con la persona, en la forma ni a la edad adecuada. Como me ocurrió a mí mismo, entre los cinco y los ocho años aproximadamente, siendo la única forma de recibir cariño por contacto físico que recuerdo. Con el paso de los años, al incorporar a mi mapa de adulto lo que son las tendencias sexuales y la homosexualidad, en un entorno cerrado como era el mío, comencé asentirme culpable y avergonzado por lo ocurrido.

La confusión que puede llegar a dejar esta experiencia es

tal, que luego, en pleno proceso de búsqueda, incluso surgieron dudas sobre mi propia tendencia, en un intento desesperado por encontrar la llave que abriese la puerta hacia la libertad.

Para información del lector, y por si es uno de ellos, (cosa fácil a tenor de las estadísticas), en España, el porcentaje de adultos que de niño sufrió algún tipo de abuso sexual, según las últimas estadísticas, es de un 22,5% en niñas y un 15,2% en niños. Esto significa que un 18,85% de las personas han sufrido abusos sexuales en algún momento de su infancia, o lo que es lo mismo, uno de cada cinco lectores lo ha padecido, y si tenemos en cuenta la particularidad de este tipo de lectura, el porcentaje puede ser aún mayor.

Sólo la mitad de ellos lo manifiesta en algún momento de su vida, y únicamente el 15% llegan a denunciarlo, debido a que suelen ser familiares o personas muy cercanas. La mayoría lo llevan oculto con vergüenza y sentimiento de culpa, negándoselo incluso a ellos mismos, siendo éste un mecanismo de defensa y supervivencia del inconsciente.

Si se mantiene oculto, hay posibilidades de reproducir ese patrón de conducta y convertirse en abusador. De hecho, muchos de ellos fueron abusados. Por la complejidad del tema, puede hacer entrar en contradicciones internas a la persona que lo sufre, existiendo cierto grado de resentimiento y odio.

Explico todo esto para que sean entendidas las situaciones de abuso sexual en la infancia. Estas no tienen que ser forzadas ni violentas, además de no tener que existir grandes diferencias de edad. Algunos autores la establecen en torno a los cinco años o algo menos en caso de ser a edades muy tempranas.

Al ser despertado en mí el instinto sexual, de alguna forma perdí la inocencia, iniciando relaciones con niñas de mi edad.

Andaba pensando en sexo, cuando debería estar pensando en juegos infantiles. Recuerdo un caso donde abusé de mi condición de poder con una vecina que venía a jugar a casa. La obligué a besarme a cambio de dejarla marchar. Esto pudo causar en ella una marca o impacto, al sentirse intimidada, y vivir el suceso en soledad y aislamiento. Igual ese miedo hizo que en el futuro se le reprodujesen situaciones sexuales similares, además de vivir el sexo desde el miedo. Desde estas líneas le pido disculpas por ello. En los demás casos, fueron relaciones voluntarias, pero pudiese ser que les despertase ese instinto antes de tiempo.

Este abuso que sufrí, a priori no fue muy grave si no hubiese sido por el rumbo posterior que tomó. Derivó en un daño mayor al percatarme de que me había convertido en su juguete, cuando comencé a sentirme vejado, el día en que me agredió físicamente de forma explícita y directa al golpearme con unas piedras. En ese momento me rebelé y lo amenacé con otra piedra. Cuán domador de leones de circo, pensó que no me atrevería y me desafió, con lo cual, la profecía se cumplió. Le abrí la cabeza, y con ello, la Caja de Pandora.

El miedo familiar se manifestaba. Ese parecido mío con el abuelo paterno y la herencia atribuida se pronunció. Mi abuelo, según me cuentan, era un hombre correcto y cuadriculado al extremo, chapado a la antigua. Por algún motivo que desconozco, debido al secretismo que hay sobre el tema en la familia, intentó matar a su hermano, cosa que por fortuna no consiguió. Cuando estando ya en casa, fue arrestado por una patrulla de la Guardia Civil, mi padre escapó en su busca hasta dar con ellos. Fue entonces cuando el sargento de la patrulla, al recibir los gritos en forma de súplica y órdenes llorosas del niño (mi padre), mandó dejar de golpear a mi abuelo y desatarlo del olivo al que estaba atado (la España de la posguerra, años 40).

Esto tuvo sus consecuencias emocionales en la familia. Mi abuelo fue desterrado del cortijo familiar, construyéndose una casa en otra parte de la finca. Perdió la vida años después, a sus cincuenta y cuatro años de un cáncer en la garganta, es posible que debido a lo que tuvo que, o no pudo tragar y/o expresar. Mi padre contaba con dieciocho años, los mismos que yo tenía cuando él falleció de cáncer de pulmón a los cuarenta y ocho. El impacto emocional de profunda tristeza que sufrió viendo aquella escena por miedo a la muerte de mi abuelo, es posible que le produjese el engrama, que le fue activado luego, por un desencadenante parecido. Repetimos los engramas grabados en los genes, de ahí la importancia de ser el eslabón que rompe la cadena. De otro modo, estamos condenados a repetir el ciclo hasta sanar.

Su otro hijo, mi tío y padrino, hermano de mi padre, también falleció de cáncer, aunque en este caso no profundicé en sus engramas, y no sé si tuvo o no, una relación directa con estos incidentes.

Volviendo al tema en cuestión, cuando vieron al niño ensangrentado debido a mi agresión, me propinaron tal paliza, que no recuerdo parte de la misma. Entiendo que es más cómo lo viví, que lo que sucedió en realidad, pues no tengo constancia de lesiones físicas.

De adulto, ante situaciones donde defenderme era de derecho y obligación (por respeto a mí mismo), me veía impedido a hacerlo. Debido a este condicionamiento tendía a reprimirme hasta el límite. Llegado a este punto, entraba en el raíl o anclaje del **Trastorno por Estrés Postraumático (TEPT)**, por los estímulos asociados a aquella situación. Al sentirme acorralado y sin salida, mi inconsciente se retrotraía a la situación de sometimiento y tortura que viví en quirófano, explosionando de forma descontrolada. Incluso existieron algunas trifulcas o peleas en mi juventud, donde no recuerdo parte de lo que ocurría. Una vez desbocado, me volvía totalmente inconsciente, se apoderaban de mí los demonios. Aún hoy tengo que estar alerta, ya que, si me sorprende desprevenido, salta el automático. Eso sí, la toma de conciencia es inmediata y no suele existir tanto exceso.

Por contra; me enfurecían con facilidad las situaciones injustas, quizás por vividas. Con lo cual, resultaba ser una verdadera bomba de ingeniería, que se retroalimentaba al no encontrar una manifestación adecuada.

Cualquiera puede enfadarse, eso es algo muy sencillo. Pero enfadarse con la persona adecuada, en el grado exacto, en el momento oportuno, con el propósito justo y del modo correcto, eso, ciertamente, no resulta tan sencillo.

Aristóteles

Este hecho me sumió en un pozo, siendo el segundo condicionamiento (trauma) más importante por sus pautas asociadas: castigo duro e inmediato, dejando una marca que me costó la misma vida sanar.

Me detengo en este punto para destacar la importancia y las consecuencias que tuvo. Si en ese momento, en lugar de infligirme el castigo, me hubiesen preguntado el motivo de los hechos, estos se podrían haber transformado en un rito de paso a la adultez, a la hombría. Si llegan a saber que me había defendido de mi opresor, mayor y más fuerte, y en lugar de una paliza, me dan una palmada en la espalda diciéndome: "Bien hecho hijo, nunca permitas que abusen de ti", es posible que hubiese cambiado mi vida. Pero entonces no estaría donde estoy, ni sería quien soy, con lo cual todo es perfecto, porque todo me ha traído hasta aquí, hasta este momento, hasta parir este libro.

No menos importante, es el hecho de despertar en mí la sexualidad a edad temprana. Esto hizo que se manifestase en la vida adulta con unas determinadas características, como:

- Sentimiento de que me habían robado la infancia.

- Vivía las relaciones sexuales como furtivas, como si fuese algo pecaminoso y prohibido.

- Era proclive a la promiscuidad, quizás por demostrar mi hombría (también influyó el sistema educativo), siendo mis relaciones poco estables e insatisfactorias, teniéndolas a modo de muescas en la culata de un revolver. Con el tiempo y la madurez, fueron mejorando hasta la plenitud.

Durante mi proceso, descubrí otra serie de suma y sigue como: altas capacidades sin diagnosticar (derivó en fracaso escolar) y ser más sensible de lo habitual (causa de sufrimientos excesivos). Estas características se convirtieron en potencialidades y capacidades cuando hice un buen uso de ellas.

Como ya sabemos, las problemáticas se arrastran durante varias generaciones. Prueba de ello es que, cuando a Jesús le llevaban a un enfermo para sanarlo, sus discípulos le preguntaban: Maestro ¿Quién ha pecado, él o sus ancestros? Y esto no tiene nada que ver con la religión, en todo caso con la espiritualidad, que es la búsqueda de sí mismo, volver al Ser, *"El retorno del hijo pródigo"*.

Somos menos libres de lo que creemos, pero tenemos la posibilidad de conquistar nuestra libertad y de salir del destino repetitivo de nuestra historia si comprendemos los complejos vínculos que se han tejido en nuestra familia.

Anne Ancelin Schützenberger

Estas grabaciones, automatismos e interpretaciones del mundo, usurpan nuestra verdadera identidad al perder la conexión con nosotros mismos y, por consiguiente, con lo que somos en esencia, siendo algo así como la centralita que nos gobierna mientras no tomamos conciencia de ello. Ante situaciones parecidas, tendemos a responder o resolver de forma similar. Pueden tener apariencias diversas que simulan ser diferentes, pero en su origen hay una pauta o vínculo común que los une, del cual debemos tomar conciencia para sanar y empoderarnos.

Es como si a los mandos de un automóvil estuviese el piloto automático, mientras no estemos preparados para conducir de forma consciente. En la medida que vayamos adquiriendo destreza, los periodos de pilotaje consciente serán más prolongados.

Emilio Carrillo

De ahí que el ego nos sea útil en un periodo de nuestra vida, luego, una vez integrado, pasa a un segundo plano, desempeñando una función más de suplente o avisador, que acude en nuestra ayuda en momentos de no presencia o necesidad. En esta forma más sutil, nos avisaría encendiendo el chivato del salpicadero (emoción), si retomamos el mando con conciencia, cumple su cometido y se retira. Pero si nos sorprende desprevenido, saltará de nuevo el piloto automático, haciéndose con el control de la situación. En ambos casos, cumplió su función.

Por lo tanto, lo inculcado o adquirido por aprendizaje, sistema educativo o condicionamientos varios, queda fijado en nuestro software, formando parte de lo que creemos ser. Esto es necesario para sobrevivir a nuestra llegada a un mundo, más o menos hostil, hasta que nos alejamos lo suficiente para darnos cuenta de que no somos, con la consiguiente entrada en crisis. Mientras tanto, vivimos separados de nosotros mismos, o al menos lo creemos así.

A continuación, expongo un par de teorías que contemplan el proceso de crecimiento y realización personal, mostrándonos el desarrollo evolutivo de adulto, incluso del desprendimiento de esa identidad adquirida, dando paso a la autorrealización, al empoderamiento y a la propia identidad.

Una de las teorías es la **Kohlbergiana** del desarrollo moral. En ella, su creador **Lawrence Kohlberg**, nos muestra tres niveles de desarrollo, y cada uno de ellos consta a su vez de dos estadios. De forma algo burda, podemos decir que estos niveles van, desde agradar al entorno más cercano para ser aceptado por éste (el qué dirán), hasta la plena independencia, con unos valores morales universales, donde el sujeto es el máximo responsable de sus actos, anteponiendo su criterio al inculcado y/o aceptado por su cultura y/o entorno, incluso, llegado el caso, en contra de la propia ley. Al quinto y sexto estadio, llegan muy pocos, apenas unos cuantos que realizan un trabajo profundo. La mayoría de las personas se quedan en los estadios intermedios, cumpliendo las normas establecidas para no ser castigados, ser reforzados, aceptados y reconocidos por el grupo de referencia.

El verdadero crecimiento se refleja en la conocida frase del maestro **Wayne Dyer**: *Lo que piensen de mí, no es asunto mío.*

Otra teoría interesante es la de **Marcia** (1966), ésta nos plantea un cuadro donde el entrecruce de compromiso en valores, ideología y profesión, con haber padecido y superado su crisis existencial, dan lugar a un nivel evolutivo y de autorrealización, designando cuatro supuestos:

TIPOS DE IDENTIDAD

		CRISIS Y BÚSQUEDA	
		SÍ	NO
COMPROMISO CON VALORES, IDEOLOGÍA, PROFESIÓN	SÍ	LOGRADA (MADURA)	HIPOTECADA O PREESTABLECIDA
	NO	MORATORIA	DIFUSA

Con las resultantes siguientes:

Identidad difusa: no tiene compromisos inculcados, ni pasó la crisis, (desorientado).

Identidad hipotecada o preestablecida: tiene lo inculcado, pero aún no ha pasado por su crisis. Con lo cual, todavía no sabe quién es o, mejor dicho, no sabe qué no es.

Identidad en moratoria: perdió lo inculcado al entrar en crisis, y está en espera de saber o descubrir sus verdaderos valores, ideología y profesión vocacional, donde se sienta útil y realizado. En este estado el sujeto, al menos, sabe qué no es.

Identidad lograda (madura): ha pasado el periodo de crisis, y posee ideología y valores propios, ocupando su lugar en la vida.

Si tuviese que situarme con respecto a esta teoría y siguiendo en la línea de poner mi historia como ejemplo para que el lector a su vez se sitúe, podría concluir, que, antes del 31 de julio del 2001, tenía una **Identidad Hipotecada**, iniciando mi crisis tras dejar el trabajo y comenzar mi retiro. El 19 de septiembre del 2001, día del accidente, entro en **moratoria** (todo ello lo relato a partir del siguiente capítulo). Y de forma progresiva se va convirtiendo en **lograda** del 2016-19, cuando siento certeza en lo que hago a cada momento, la podríamos llamar incluso **no identidad**, si trascendemos la teoría.

Aunque todas estas teorías tienen una enorme coherencia, ninguna contempla por sí misma todas las variables. Lo que sí es evidente es que, a más máscaras o separación de uno mismo, más camino a recorrer en el viaje de vuelta, como le pasó al *caballero de la armadura oxidada*. Creamos una falsa identidad que podemos llamar personaje o ego. El tamaño o poder de este ego será proporcional a la armadura forjada y a lo alejados que estemos de nuestro centro. Pero, con independencia del alejamiento que tengamos, nunca dejamos de Ser. Tan solo creemos ser lo que no somos. Lo impermanente, lo que desaparece en el momento de la muerte, es eso, nuestra falsa identidad o ego. De ahí que haya personas que mueran de diferente forma, en cuanto al grado de sufrimiento se refiere, por miedo al tránsito, apegándose al mundo dual y a esa falsa identidad. El gran logro consiste en morir en vida, diluir y/o transmutar ese falso yo, dejarlo ir en paz para redimirnos y tomar conciencia de lo que en realidad somos.

Varias obras literarias nos hablan de ello, como:
La Noche Oscura del Alma de **San Juan de la Cruz**
La Odisea de Ulises de **Homero**
El proceso de convertirse en persona de **Carl R. Rogers**
La locura lo cura de **Guillermo Borja**

La principal tarea del ser humano es la de parirse a sí mismo

Erich Fromm

A la edad de tres, cinco o nueve años me recuerdo haciéndome preguntas que otros niños no se hacían, como: ¿Quién había sido antes de ser Sergi? Estas preguntas fueron desapareciendo y comencé a centrarme en aprender la tabla de multiplicar para que mi maestra viese lo fantástico que era, o cómo hacer para que mi madre no me riñera. "Cambié una conciencia por otra". A los veintiún años comenzó todo esto a venirse abajo de forma abrupta, y hallé un proceso que he ido asimilando e integrando, aunque tampoco lo tengo muy claro. No sabría definirlo muy bien. Sólo sé que ha habido un cambio en mi forma de ver la vida, careciendo de sentido la forma en que la veía antes, cuando buscaba ser reconocido por los demás, ser comprendido o amado. Sin embargo, ahora estoy encontrando ese espacio dentro ya resuelto, que curiosamente siempre estuvo resuelto.

Seguramente seguiremos teniendo pensamientos alejados del amor, pero no nos afectará como antes, porque sabremos que van a ser transformados. Eso se llama también; establecer una nueva ruta de pensamiento, es descubrirnos como alquimistas que ven cómo nuestro corazón convierte en oro todo lo que tocamos, pero para llegar a tocarlo, antes debemos decidir no rechazarlo.

Sergi Torres

El camino más largo que vas a tener que caminar es desde la cabeza hasta el corazón. Pero no se puede hablar como un líder, a menos que hayas realizado el viaje de regreso. Desde la parte posterior del corazón hasta la cabeza.

Proverbio indio americano

Retomando el proceso; cuando tomamos consciencia de que no somos, surge la necesidad de búsqueda, de dar el salto, esa necesidad de morir en vida, eso que nos empuja por dentro avivando nuestro anhelo de cambio.

De todos los caminos, el más transitado continúa siendo el del sufrimiento. Para salir de la *zona de confort* necesitamos que el grado de sufrimiento más el deseo de cambio, sean mayor que el miedo a lo desconocido, motivándonos a salir de ese estado nada placentero pero que, por conocido, nos hace sentirnos protegidos en casa.

Esto es lo conocido como nivel óptimo de sufrimiento. Si éste es excesivo, si nos pasamos de vuelta, podemos no contar con la suficiente salud y energía para dar el salto, e incluso si lo damos, podemos fallar en el intento y renunciar a mitad de camino. Si por el contrario el sufrimiento es soportable, no tendremos la necesidad de salir del estado en el que nos encontramos.

En la medida que nos identificamos con el ego y sus miedos, nos alejamos de la realidad en mayor medida, pasamos más tiempo en nuestra mente que en nosotros mismos, en la presencia. Nos volvemos más intolerantes y enjuiciadores con los otros y sus egos. Intentamos que el mundo se adapte a nosotros, en vez de ser nosotros los que aceptemos al mundo y a los otros tal como son, para fluir con la vida sin nadar contracorriente. Esto no implica permitir que invadan nuestras libertades, ni impide que nos defendamos ante agresiones de cualquier tipo. No es resignación, hablamos de aceptación de lo que es y no puede ser cambiado, tomando las medidas oportunas para cambiar lo que puede y debe ser cambiado. Otros muchos ya hablaron de esto, como **Eckhart Tolle** en *El Poder del Ahora*. El dolor es inevitable, el sufrimiento opcional. Tomemos consciencia de ello.

Un ejemplo práctico de la vida cotidiana, sería ir tarde al trabajo y quedar atrapados en el ascensor. En nuestra mano está resistirnos a lo que es. Como enfadarnos y maldecir al ascensor y a su responsable, culpándolos por ello. ¿Nos valdría de algo?, más bien no. Esto sería: **atribución de responsabilidad externa**, que correlaciona con inmadurez, baja autoestima y una falta de responsabilidad en la propia vida. Cedemos nuestro poder. La cordura estaría en aceptar el suceso (lo que no puedo cambiar), y actuar sobre lo que depende de nosotros (lo que sí podemos cambiar), tomando las medidas oportunas para solucionar y/o amortiguar las consecuencias del problema. ¿Cómo? Por ejemplo: pulsar el botón de la alarma de emergencias para avisar al portero o a algún vecino que busque a la persona con los medios para sacarnos; y si contamos con un teléfono, hacer lo propio. Después llamaremos a nuestro trabajo informando de lo sucedido y de nuestra imposibilidad de llegar a tiempo, previas disculpas; debido a que, a pesar de lo fortuito, no estamos exentos de responsabilidad, por no partir con un margen de tiempo razonable para prevenir alguna eventualidad de este tipo. Responsabilizarse y tomar las acciones oportunas para solucionar el problema, sería: **atribución de responsabilidad interna**, propia de sujetos maduros, sanos y equilibrados, con buena autoestima.

Reinhold Niebuhr nos lo explica muy bien en este párrafo: *Señor, concédeme serenidad para aceptar todo aquello que no puedo cambiar, fortaleza para cambiar lo que soy capaz de cambiar y sabiduría para entender la diferencia.*

Esta lente o identidad impostora, se puede pulir con meditación, como nos explica **Vicente M. Simón** en su artículo científico *Mindfulness y Neurobiología*, publicado en la Revista de Psicoterapia/Vol. XVII- Nº 66/67. Esta publicación muestra, mediante pruebas neurológicas, cómo en el cerebro se producen nuevas conexiones neuronales. El área prefrontal, que en los inicios meditativos necesita de gran cantidad de actividad neuronal, disminuye con la práctica, observándose en los meditadores expertos menos actividad neuronal en dicha zona, pasando a estados meditativos de una forma más fluida y con menos esfuerzo, llegando incluso a ser el estado natural del sujeto, la presencia.

Con la práctica meditativa y una terapia adecuada, nuestra verdadera identidad va aflorando, retomamos el trono perdido, difuminándose ese poder que le cedimos al ego y a sus máscaras. La presencia rompe estos automatismos, siendo mucho mejor que cualquier recondicionamiento, puesto que estos no dejan de ser otra grabación. En la medida que pulimos la lente somos más la conciencia que observa, consiguiendo un estado más objetivo y más libre de enjuiciamiento, que no de juicio.

Tener criterio propio, siempre es saludable. De alguna forma dejamos de tener lentes de mosca y volvemos a tener lentes de abeja, como en la infancia, donde la mirada es limpia e inocente, viendo pureza donde quiera que miremos, incluso en las imperfecciones. Parafraseando a **Jesucristo**: *El proceso consiste en volver a ser como niños.*

Personas heridas, hieren personas. Personas sanas, sanan personas.

Anónimo

Muy útil para el terapeuta en consulta o para el buscador avanzado, es tener conocimiento de **las cuatro leyes del inconsciente** y alguna de sus pautas asociadas:
- El inconsciente **es atemporal**, para él siempre es presente.
- No distingue entre **real e imaginario**.
- **Es inocente** (no enjuicia).
- **El otro no existe** (siempre habla de y a sí mismo).
- Me permito añadir una pauta importante a tener en cuenta: el inconsciente **no reconoce el NO**, manifestándose en el conocido cuento del maestro que encarga al discípulo: "no pensar en un elefante blanco", éste no puede evitar pensar en ello de inmediato. Por eso es aconsejable hablar siempre en positivo, el inconsciente **no entiende de bromas**, otra pauta a tener en cuenta.

Es por ser atemporal, por lo que es efectivo en terapia la simulación de situaciones no resueltas en el pasado, como se hace en Psicodrama y con el camino al inconsciente de la Bioneuroemoción, entre otras.

También es efectiva y útil, la utilización de simbolismos: como el cojín de la Gestalt, y la Psicomagia de **Alejandro Jodorowsky**, porque el inconsciente no distingue entre real e imaginario.

Al igual que el principio o la técnica terapéutica del espejo, tan utilizada y presente en *Un Curso de Milagros* **(UCDM)**, está basada en que el otro no existe, con lo cual, siempre hablamos de y a nosotros mismos.

Quisiera hacer una breve mención a ese mal uso que hacemos a veces del espejo, cuando proyectamos, a la vez que argumentamos con él. Por ejemplo, cuando sentimos que nos ponen contra las cuerdas, y decimos: "estás proyectando sobre mí, porque...tal o cual cosa". Desde ese mismo momento, nosotros también lo estamos haciendo. En vez de sentir lo que ha producido sus palabras en nosotros y aprovechar esta oportunidad de crecimiento, atacamos sutilmente. Suele ocurrir cuando nos quedamos sin argumentos y no queremos sentir lo que estamos sintiendo, siendo más fácil proyectar fuera que mirarnos dentro. Distinto es cuando ocurre desde la no reacción, cuando proviene de una acción limpia y certera, aunque normalmente desde ahí, no existe la necesidad de decirlo.

Con estas técnicas o terapias, se consigue sacar el resentir del trauma, a través del cuerpo para llegar a esa emoción oculta que no pudimos o no nos permitimos vivir ni expresar en el momento original. En el camino al inconsciente de la Bioneuroemoción, al igual que con técnicas de otras escuelas, la intención es guiar al consultante a esa emoción que hay debajo del sentimiento "siento que miento", y luego de ésta, a la emoción secundaria, llegando por último a la primaria, al resentir que hay debajo de ella. Tenemos que llegar a la base, al origen, revivir el fotograma caído, esa emoción no vivida, para sanar la herida. Entendiendo sentimiento, como aquello que parte de la mente, de la dualidad, no como algo profundo, sincero y verdadero.

Hasta que no llegamos a la raíz, no podemos trascenderla. ¿Y cómo identificamos el resentir o emoción inicial? Se habla de las emociones básicas, con lo cual, una vez llegamos a una de ellas, se supone que es el origen y la damos por buena. A pesar de lo cual, no suele ser así, ya que una emoción básica puede y suele encubrir a otra básica, secundaria y primaria respectivamente; es decir, una origina la otra. Por ejemplo, cuando aparece la tristeza, es posible que debajo se halle la ira o rabia no expresada, reprimida. Y, al contrario, si se nos manifiesta la rabia o ira, es muy probable que debajo se halle la tristeza no manifestada. En muchos de estos casos, se debe a condicionamientos culturales. Por ejemplo, a la mujer se la educa para manifestar la tristeza y la depresión, en cambio no se le permite o está mal vista la rabia y la ira. Al hombre le sucede a la inversa, se le educa para expresar la ira y la rabia, y está mal visto que manifestemos la tristeza, porque ésta se relaciona con debilidad. Nos educaron diciendo que "los hombres no lloran", al margen del programa de supervivencia biológico que exista, pues no me imagino a un cazador tras su presa llorando, mejor que vaya iracundo y aguerrido.

Aunque en último término debería aparecer el miedo, origen de todas las emociones y energía que mueve el mundo dual, siendo por lo tanto una ficción mental.

Otra herramienta práctica y bastante válida en terapia, es la Reestructuración Cognitiva, técnica muy utilizada mediante diálogo socrático para la toma de conciencia de las creencias disruptivas, operando con ello, sobre manchas concretas del prisma de una forma transformadora, transcendiendo dichas manchas y a la propia lente llegado el caso.

Por lo tanto, la meditación nos ayuda a disociarnos del ego, incrementando los resultados si lo apoyamos con una terapia adecuada, que no con todas ni en igual medida. Por eso es recomendable fusionar terapia y meditación -para mí: camino espiritual- dado que bien entendidas, se retroalimentan mutuamente. Como nos muestra **Jack Kornfield** en su obra *Después del Éxtasis la Colada*, donde mantiene que, si sólo utilizamos una de las dos, podemos autoengañarnos, no siendo tan reales los estados que pensamos haber alcanzado, típico en meditadores que consiguen ciertos despertares momentáneos. Como en mi propio caso, que primero me llegó el éxtasis; y luego, quince años de colada.

Parafraseando a **Ram Dass** (Dr. Richard Alpert): *Si quieres saber si un iluminado está sanado*, llévalo de regreso a vivir con su familia de origen. Es posible estar en paz meditando en soledad, alejado de lo mundano. Otra cosa es convivir con la familia nuclear, donde se formaron esos mapas mentales disruptivos. Es ahí donde nos debemos poner a prueba y solventarlos.

Al margen del beneficio que puede tener un periodo de aislamiento y/o distanciamiento de nuestro entorno habitual, esto nos podría facilitar otra perspectiva, pudiendo ver con más claridad y desapego nuestros engramas y formas de relacionarnos.

Si quieres ver el bosque, tienes que salirte y alejarte; desde dentro, sólo podrás ver los árboles más cercanos.

Anónimo

O un periodo de cuarentena después de una toma de conciencia, que permita asentar las nuevas conexiones neuronales libres de mecánicas preestablecidas.

Llegados a este punto donde somos más conscientes de lo que ocurre, abordaremos cómo repercuten en las relaciones nuestras perfectas imperfecciones. **¿Qué ocurre cuando solemos repetir las mismas historias y/o relaciones?** Frases como:

- La vida te repetirá la lección tantas veces como sea necesario hasta sanarla.
- Uno propone y Dios dispone.
- La vida no siempre nos pone delante lo que deseamos, pero seguro que nos pone lo que necesitamos para nuestra evolución.

La vida no te envía pruebas, te envía situaciones que no has resuelto.

Enric Corbera

Un ejemplo ilustrativo que suelo utilizar es la mujer maltratada que repite pareja con hombres de perfil maltratador. De forma inconsciente, atrae a su vida ese tipo de relaciones en diferentes ámbitos (laboral, amistad, sentimental, etc.). Es su zona de confort, donde ella se encuentra segura: "lo conocido da cierto grado de tranquilidad; de alguna forma, es como estar en casa". Es posible que su padre la tratase de forma similar, siendo la única forma de "amor" (atención) que conoció, no creyéndose merecedora de algo mejor. Por contra, lo desconocido da miedo, es como dar un paso al vacío. Ese acceso a otra realidad o forma de vida que aún no sabe o no tiene la seguridad de que exista. Como ya mencioné: la suma del nivel de sufrimiento en la zona de confort junto al deseo de esa otra realidad, debe ser mayor que el miedo a lo desconocido.

Las personas se atraen, repitiendo dependencias y/o enganches emocionales a modo de engranajes o acuerdos como las piezas de un puzle que encajan. Si no despertamos a la realidad, se continúa con el automático y la enfermedad. Al tomar conciencia de lo que ocurre se va diluyendo el automatismo e iniciamos el proceso de sanación.

Algo similar a estos engranajes que nos hacen repetir relaciones, sería, por ejemplo, tener un incidente con alguien que está enojado. Si tenemos un estado o nivel energético similar al suyo o resonamos con algo inconsciente, existen muchas posibilidades de enredarnos en una discusión o enfrentamiento, dándole con ello veracidad a la ilusión.

Nuestra mente es como una antena, capta aquello con lo que estamos en sintonía, ya sea esto positivo o negativo. Depende de nosotros cambiar la frecuencia.

Chico Xavier

En éstas, compartiré un incidente del que fui testigo en un centro comercial, donde una joven de unos veinte años, impartió una de las más bellas lecciones que he podido presenciar. Lo sucedido fue lo siguiente: una señora entrada en años, que me precedía en la cola de caja, le increpaba por alguna insignificancia que ni tan siquiera recuerdo, algo así como: "Oye chica, que me estás comenzando a enfadar". La chica en cuestión, cajera en aquel centro, se limitó a alzar su mirada y con voz calma y pausada le contestó: "Señora... usted ya venía enfadada". Luego se giró, acabando de hacer lo que le ocupaba en aquel momento. La señora enmudeció, no sabiendo donde meterse. Esta escena, inadvertida para la mayoría de los allí presentes, quedó grabada en mis recuerdos como una de las mejores enseñanzas que un ser humano puede dar o recibir, siendo de gran clarificación y maestría. En este caso, tenían estados y/o niveles de conciencia diferentes. De ahí que la joven no se viese afectada ni enganchada por la energía de la señora.

Como expuse antes, vamos por la vida repitiendo y representando unos determinados roles, que en esencia no son tantos. Si buscamos la raíz de nuestros conflictos relacionales, nos daremos cuenta de que hay un nexo común que los une. Si conseguimos hacerlo consciente, tendremos más posibilidades de tomar el mando en el momento en que el automatismo aparece, esto es clave para deshacerlo. Debemos dar un paso atrás y no dejarnos arrastrar por las emociones, desapegándonos del actor secundario y pasando con ello a ser protagonista principal, al tomar la perspectiva suficiente para acercarnos a una realidad más objetiva.

Si tomamos conciencia de lo que no somos, de esa falsa identidad manejada por los miedos, facilitaremos esa muerte en vida buscada por los grandes místicos de todos los tiempos, ese proceso de parirse a sí mismo, para tomar conciencia de lo que sí somos, camino de la compasión. Siendo ésta, la compasión, junto con la humildad, inversamente proporcional al tamaño de nuestro ego. Ese darnos cuenta del por qué debemos querer al otro como a nosotros mismos, ese saber que una vez se trasciende el ego, el otro no existe. Llegando a la comprensión de sabernos uno, amándonos a través del otro, y no al otro, porque somos la misma cosa divina. Como dijo Jesucristo: *La verdad nos hará libres.*

SEGUNDA PARTE:

Historia novelada del proceso

Capítulo III

El día en que renací por enésima vez

19 septiembre del 2001

Al recobrar la conciencia, me encontré con las muñecas doloridas por la presión de las esposas y por la que ejercía mi propia espalda, que las aprisionaba contra el asfalto. Para mi sorpresa, me descubrí contemplando felizmente las estrellas, pero hostigando con mis palabras a uno de los agentes que me había socorrido. Andaba retándolo a que me golpease. Según tenía entendido, en alguna ocasión había abusado de su condición de autoridad con jóvenes adolescentes. Con esa etiqueta me vi diciéndole todo lo que opinaba sobre él, al margen de que hubiese o no, algo de cierto en todo aquello.

Al igual que le sucedió a **San Pablo de Tarso**, tras su controvertida caída del caballo camino de Damasco que después de ver un resplandor, le sobrevino su despertar o iluminación; también llamada la conversión de San Pablo, y con ello la desinhibición. Según se cuenta, se desnudó y corrió como loco por la zona. ¿Ocurrió o es parte del mito? ¿Se iluminó o se volvió loco? Su comportamiento estaba fuera de lugar, al igual que el mío propio tras el impacto y mi particular resplandor.

Minutos antes, había estrellado mi vehículo contra una

rotonda y sobrevolado unos árboles de unos siete metros de altura, yendo a parar a una salida lateral de la rotonda. El ajardinamiento, acera y carretera, quedaron salpicados con aceite del motor.

Según me contaron, me bajé dándole patadas al coche, como si de un balón de fútbol se tratase, parece ser que enfadado por haberme salvado la vida. De hecho, existen numerosos testimonios que relatan cómo profesionales médicos que consiguen reanimar a pacientes recién fallecidos, se sorprenden cuando éstos se enfadan al ser sacados de dicho estado contra su voluntad. También contamos con el clásico apego a estados de **Kenshō, Samādhi o Satori**, existiendo cantidades de doctrinas budistas previniéndolos.

La ambulancia trajo consigo a una joven sanitaria con una preciosa mirada llena de compasión, en la cual percibí deseos de otra índole. Mientras se acercaba, me intentaba tranquilizar con amables palabras. Tal cual lo sentí, así lo verbalicé: "Tu verdadero deseo es acostarte conmigo". Sentí que mi intuición tenía algo de cierto cuando la chica enrojeció. Al verse afectada por el comentario, se giró volviendo a la ambulancia, con lo que tuve que ser atendido por otra compañera suya.

Poco después llegó la grúa. Curiosidades del destino, el conductor era cuñado de mi amigo Guillermo; con lo cual, aprovechando que estaba en racha, expuse a voz en grito que venía de casa de su hermana, de fumar marihuana con su cuñado.

Nunca antes me sentí tan libre y conectado a todo y a todos, intuía el sentir e intenciones de los demás en la mirada. No tenía freno mi lengua, ni respetaba los más elementales principios de cortesía, extraño comportamiento en una persona conocida y apreciada por su corrección. Me vi en medio de la noche vociferando que era homosexual y drogadicto, dos de mis grandes prejuicios y miedos, siempre hui de esos entornos. No sentía miedo a nada ni a nadie; libre de toda tensión, mi mente estaba aquietada a pesar de la actividad. Me sentía henchido, lleno y vacío al mismo tiempo, era otra dimensión desconocida para mí hasta ese momento, al fin libre.

Durante el traslado al hospital, la euforia fue pasando debido a que el dolor que me provocaban las esposas aumentó, tras un nuevo reajuste realizado por uno de los agentes una vez en la camilla y antes de acceder a la ambulancia. Le pedí por favor que no lo hiciese, quizás me excedí en mis manifestaciones previas y su actitud no cambió. Me di cuenta durante el trayecto, que ese dolor me hacía perder la presencia y la mente se manifestaba en forma de rencor. No obstante, retomaba ésta, metiéndome en el mismo corazón del dolor, impidiendo con ello el sufrimiento. La sanitaria que me acompañaba, una señora de cierta edad, me causaba un tierno respeto. Ya en el hospital me liberaron, encontrando de nuevo la paz. Pedí disculpas al agente por mi comportamiento y manifesté mi desacuerdo con la presión de las esposas. Estas me adormecieron muñecas y manos, perdiendo sensibilidad en las mismas durante unos días.

Aquella noche en urgencias y siguiendo con mis actos de libertad, durante la realización de la cura, tuve un traspiés al pasar de la silla de ruedas a la camilla, viéndome obligado a sujetarme a lo primero que encontré. Esto no fue otra cosa que el trasero de la enfermera. Tuve unas décimas de segundo para tomar la decisión, debido a que el concepto tiempo y su duración sufrieron unos cambios, cuando menos, extraños.

La mente ordinaria se me antepuso como censurando la acción que iba a llevar a cabo; para mí extrañeza, la obvié con libertad y me aferré a sus glúteos, como si de la camilla se tratase. Nos miramos y sonreímos, fue un acto espontáneo que ambos entendimos limpio y libre de cualquier intención. La chica era especialmente bella, o al menos me lo pareció, cierto es que, en aquellos momentos todo lo veía hermoso.

Mientras me hallaba en la sala de espera para las siguientes pruebas, me dediqué a observar, algo poco habitual en mí. Además, me percaté que lo hacía de manera distinta. Miraba a los ojos sin temor alguno, percibía de diferente forma, era todo más nítido y claro, más profundo. Me encontraba sonriente y feliz, pletórico de energía y quietud. Los compañeros de sala me devolvían la sonrisa y compartían mi felicidad. Era genial, algo parecido al paraíso, veía lo mejor de cada ser, miradas tiernas en mi inocente percepción. En éstas, me llamó la atención un joven algo desaliñado que andaba incordiando a los allí presentes pidiendo algo de dinero. Al parecer, ese día se había excedido en la dosis. Nuestras miradas se encontraron, me sonrió y me dijo algo así: "Sé dónde has estado, he visitado el mismo lugar que tú". Me limité a asentir y sonreír, no me extrañó. Lo miré, me miró y compartimos algo bonito y singular.

Poco después llegó mi expareja, la futura madre de mi hija, la mujer que se mantenía firme y enamorada a pesar de haberla abandonado sin más argumento que mi veneración a la honestidad, mi deseo de no estar con una mujer a la que no sabía si amaba. No tenía claro qué me impulsó a casarme, ésta fue la cuestión que motivó mi primera visita a una profesional de la psicología, tras confesarle a Desiré infidelidades que me atormentaban. Incluso antes de nuestra boda ya sabía ella de la duda que terminé resolviendo veinte años después.

¿Fue mi inconsciente? No lo sé. Cuando, después de recobrar la conciencia, el agente me preguntó la dirección o número de teléfono de casa, le facilité el de Desiré. Es más que curioso que ese día era su santo, el día de su onomástica, era el anochecer del 19 de septiembre del 2001. Una vez avisada, llegó al lugar del accidente acompañada de su padre, una buena persona que se limitó a decirle: "a este hombre no lo puedes dejar solo". Al ver el estado del vehículo, se imaginaron lo peor.

De ahí, la gran alegría que percibí en ella cuando la vi entrar en aquella sala de urgencias del hospital. Como si a solas nos hallásemos, tuvimos un precioso encuentro, lleno de ternura y seducción, pareciese que fuésemos dos enamorados iniciando la relación. En esto, llamé al joven que decía haber visitado ese mismo lugar; facilitándole por medio de ella, el dinero suficiente para regresar a casa en taxi, no antes de advertirle, que el dinero fuese destinado a ese fin.

Abandoné el hospital con sendos esguinces de tobillo, los cuales me imposibilitaban andar. De alguna forma, la vida me había hecho un regalo, pero a la vez me enviaba un mensaje: *piano, piano*. Ya en casa, mantuve la relación más amorosa y placentera que había tenido hasta la fecha; y más importante aún si cabe, para ella también lo fue. Por primera vez me centré en mi propio disfrute, todo fluía, sucedía fácil y natural.

Capítulo IV

Accediendo a otras realidades

Pasaron los días, y mientras aterrizaba iban sucediendo cosas cuanto menos curiosas. Una de ellas, estando en compañía de Desiré, la cual me cuidó en aquellos días de convalecencia, y encontrándome erguido con la ayuda de las muletas en el salón de casa, sentí algo a mis espaldas, perpendicular a mi hombro derecho. Giré sobresaltado la cabeza, y para mi tranquilidad, sentí una presencia conocida. Sonreí y volví la mirada hacía ella, que se hallaba expectante en el sofá de enfrente, espetándome tal que así: ¿Quién hay ahí?, a sabiendas de que estábamos solos y no había lugar donde pudiese ocultarse nadie. Lo curioso es que, antes de mi accidente, ambos éramos ateos por defecto; vamos, que jamás hubiésemos imaginado tal situación. Me limité a contestarle: "Tranquila, es mi padre". Se relajó, al igual que antes hiciese yo. Mi padre había fallecido catorce años antes de cáncer de pulmón, a sus cuarenta y ocho años.

Mi estado era un estado de paz que permaneció un tiempo, una presencia que no conocía, ni reconocí en aquellos momentos. No sabía que ocurría, pero era genial, me sentía libre y feliz, poseía conocimientos que no había leído en ningún libro, entendía cosas inauditas para mí. Sabía que todo mi malestar anterior venía del estrés en el que había vivido. Adquirí saberes que luego confirmé en futuras lecturas. Todo esto se lo iba explicando a ella, la única persona en la que confiaba.

Cierto día, estando de visita en el negocio familiar que regentaban sus padres, apareció su sobrina, una niña encantadora que, al fijar su mirada en mi rostro, despertó la curiosidad de los allí presentes, que le preguntaron:

- ¿Qué ocurre Patri?

Ella se limitó a decir que el Tato, que era así como me llamaba, no es el Tato. Yo la miraba encantado de lo que oía, sentía mucho amor en sus palabras. Ellos observaban a la niña, que contaba por aquel entonces doce años. Debido a la expectación que suscitó, creo, corrigió:

- Bueno, sí es el Tato, pero no es el mismo.

Se hizo otro silencio y continuó diciendo:

- Las arrugas de la cara -refiriéndose a las tensiones faciales- ya no las tiene, está relajado.

Una de las cosas que me sobrevino a raíz del accidente o despertar, fue un acúfeno que aún hoy me acompaña. Luego de un tiempo me hice todas las pruebas necesarias para encontrar la causa, no dando con ninguna anomalía física. Según me dicen entendidos en la materia, es el sonido del Om. Este nunca me incomodó; es más, me transmite paz y conexión. A más en silencio estoy, mejor lo oigo o siento, no sabría cuál de los dos verbos es más adecuado.

Además del acúfeno, apareció una sensación peculiar en el entrecejo o tercer ojo, algo así como un hormigueo que, con el paso de los años, se fue extendiendo hacia el resto de la cabeza, para luego, una vez ocupada, pasar por la nuca y la columna hasta ocupar el cuerpo, apareciendo un sentir diferente, más profundo, más real. Fue un proceso lento y progresivo a lo largo de estos quince años de trabajo continuado y meditaciones intermitentes. Una experiencia que relaciono con todo esto, fue la tenida tres o cuatro años después, cuando un día, tras echarme la siesta, me levanté para ir al baño. Mientras caminaba, sufrí un agradable mareo con pérdida de visión que me hizo agacharme para evitar la caída. Conforme iba descendiendo, tuve la sensación de ser desconectado por fracciones o zonas como si fuese un robot a control remoto, aterrizando en el piso, donde permanecí unos minutos. Cuando me levanté, sentí una paz inmensa, como después de una meditación, todo era más hermoso y nítido. Por las sensaciones de hormigueo que me quedaron en la cabeza, parecía haber establecido nuevas conexiones neuronales.

Otra de las situaciones que más me impactaron, fue verme un tiempo después del accidente con un bisturí en la mano, haciéndome un corte en una de las heridas ya cicatrizada de la rodilla, como profesional que opera sobre un paciente anestesiado. No es que no me doliese, claro que lo sentía; es más, recuerdo un sudor frío que me hacía estar más presente aún, pero no me alarmaba ni me asustaba por ello. Me limité a intentar extraer un trozo de cristal que tenía encapsulado, y que finalmente, tuvo que ser extraído por profesionales médicos. Decidí intentarlo; era algo así como una prueba, un reto. Antes de mi cambio no hubiese sido capaz, no tenía esos niveles de presencia; al final, es de lo que se trata, de tener y mantener la presencia.

También sufrí varios cambios fisiológicos importantes y palpables, como fue la desaparición del colon irritable diagnosticado en la última etapa de la empresa donde trabajaba, cuando vivía con un alto nivel de estrés debido entre otros, a los problemas territoriales con el jefe, aunque su aparición inicial ocurrió en la época de la inmobiliaria, donde ya comencé a percibir los primeros síntomas de estrés por problemáticas parecidas. Este fue mejorando con los pequeños pasos previos que fui dando desde que dejé la empresa. Otra transformación palpable, fue que pasé de calzar un cuarenta y dos y medio a un cuarenta y cuatro y medio ¿Cómo pudo ocurrir? A causa de mi tensión corporal tenía los dedos de los pies contraídos. Y debido a mi necesidad de control, me gustaba llevar los zapatos apretados. Recuerdo que, estando descalzado no era capaz de mover los dedos de los pies de forma individual, los movía al unísono, a modo de manopla; es más, si lo intentaba, me ponía nervioso. Todo esto cambió de forma progresiva hasta alcanzar dos números más de calzado, consiguiendo movilizar los dedos de forma individual, más libres y relajados. Fueron días de descubrimiento, de saber sin leer y de adquirir altos niveles de sensibilidad y conciencia.

En uno de mis almuerzos, mientras masticaba una porción de deliciosos pinchitos; sentí una repugnancia tal, que tuve que dejar de comer. Era como si la carne que masticaba proviniese de un ser humano, no sé describirlo mejor. Solté el bocado encima del plato y desde ese mismo instante, me convertí en vegetariano por instinto, que no por idea o preconcepción establecida.

Uno de los cambios más radicales que tuve, fue mi aversión al dinero y a los negocios. Mi vida anterior giraba en torno al trabajo o negocio que tuviese en cada momento. Las conversaciones familiares solían versar sobre esta misma temática.

En la sociedad en la que vivimos, el reconocimiento llega a través del dinero, de los logros materiales o puestos de poder, que a fin de cuentas es de lo que se trata. Con los años estoy encontrando cierto equilibrio, tenemos que vivir, necesitamos de lo material, para ello debe existir un intercambio de energía, y esta transacción suele ocurrir a través del dinero. También es una forma de poner en valor lo que hacemos y a nosotros mismos. Aunque reconozco que tengo que avanzar en este campo, pues aún hoy, la mayoría de las cosas que hago son altruistas.

Esa alta sensibilidad a la que mi mente no estaba acostumbrada fue en aumento. Percibía las emociones o sensaciones de los demás con facilidad, veía el teatro de la vida y no sabía a qué se debía, no podía encajar tanta información y vivencias a semejante ritmo. Me asusté, y con ello, fui perdiendo de forma gradual esa quietud y presencia, ese lugar que aún no me pertenecía. Comencé a sentirme algo paranoico, la mente volvía a tomar el mando, a recuperar su sitio, su lugar anterior, aunque ya nunca volvió a ser lo mismo. Por otro lado, cuando disminuía el miedo, la misma mente o ego me lanzaba en busca de ese estado alcanzado, ese **Samādhi** conseguido, o como lo llamó **Abraham Maslow**: *Experiencia Cumbre*. De alguna forma sabía cómo llegar a él, sólo tenía que dejarme morir, acallar la mente, aquietar el ego y apartarme a un lado para dejar aflorar lo que es.

Recuerdo aquellos días de desconcierto posteriores a la quietud. Me dirigí a una iglesia a comprar una biblia. Buscaba respuestas a lo ocurrido; pero en ella, encontré a un Dios castigador. Conforme avanzaba en su lectura, iba perdiendo confianza y ganando miedo. Enviaba plagas sobre Egipto y castigos divinos, no era lo que buscaba. Quería un Dios liberador y amable que me guiase hacia el amor y la confianza. La cerré y nunca más la abrí. Sí leí pasajes sueltos del Nuevo Testamento, con la palabra de Jesús. Con este mensaje sí que me identifico, resueno y aprendo. Como, por ejemplo: vemos la paja en el ojo ajeno y no vemos la viga en el nuestro; nos habla de proyecciones y espejos, muy presente en terapias humanistas o alternativas.

A veces, por la noche, y tumbado en la *Posición del Cadáver* (nombre dado en Yoga), me acercaba al estado conseguido, meditaba sin ser conocedor de ello. Por aquel entonces no comprendía qué hacía, sólo sabía que quería saber. Intuía, por la experiencia vivida, que había otra realidad diferente. Estaba seguro de ello. Lo que me confundía era ese ego que me quería hacer sentir diferente, especial, Elegido. Todo eso engordaba mi vanidad, cogía poder, mientras me incitaba a proseguir mi búsqueda; vaya paradoja, como la pescadilla que se muerde la cola. Andaba cerca, pero no terminaba de volver a entrar, siempre solía ocurrir algo. Cuando estaba a punto de pasar el tránsito, la respiración cesaba y la mente introducía el miedo a morir por asfixia. Me pasaba casi toda la noche sin dormir, las meditaciones me energizaban, me ponían pletórico, aun sin conseguir el estado de **Samādhi** deseado, llegaba a estados suficientes para que me fuese revelada información y cierto grado de comprensión de lo ocurrido.

Me dediqué a elegir libros por intuición, sin consejo ni asesoramiento alguno. Aún no tenía amistades con las que poder hablar de estos temas, mi entorno era ajeno a todo esto. Salvo Guillermo que, aunque llevaba toda su vida en la búsqueda, siempre lo había hecho desde la soledad del guerrero, tan solo había leído un par de libros sobre plantas maestras, como la Ayahuasca.

En esta búsqueda de libros por intuición, cayó en mis manos el gran libro, *El Poder del Ahora*. Era increíble, parecía que lo hubiese escrito yo mismo, lo que leía ya lo sabía, lo había vivido, resonaba en mí como cierto. Por suerte, como dije antes, las revelaciones recibidas las compartí con Desiré, mostrándole luego lecturas que ya le había descrito. Eso me tranquilizaba, era prueba de que no estaba loco, de que algo pasaba, existía otra realidad superior. Esta sólo era una parte de la misma, o al menos no la única o última.

Asistí al congreso de Periodismo de lo Oculto celebrado en Fuengirola (Málaga) y tuve la fortuna de hablar con **Enrique de Vicente** entre otros, que me orientaron en alguna medida. Personas que me aportaron confianza y cordura en medio de semejante desaguisado. Al igual que le ocurriese a **Helen Schucman**, canalizadora de *Un Curso de Milagros* **(UCDM)**, en ocasiones pensé que me estaba volviendo loco y conversaciones como estas me aportaban tranquilidad.

En aquellas jornadas, ocurrió un suceso muy particular. Una de aquellas noches; según me contó Desiré a la mañana siguiente, se despertó y me vio de pie a su lado, estaba mirándola. Mi cuerpo era etérico y de un color azulado; ella observó cómo me marchaba mientras la seguía mirando con una amable sonrisa. Cuando reaccionó, extendió su brazo izquierdo sobre el lado de la cama en que yo dormía, mi cuerpo continuaba a su lado, ¿estaba duplicado? Se agitó y se tapó la cabeza con la sábana, quedándose dormida cuando se le fue pasando la impresión.

Ella tenía plena confianza en mí, siendo de mucha utilidad

durante todo el proceso; y cómo no, en la conclusión del mismo. De alguna extraña forma era mi maestra, siempre estuvo ahí, y me pidió, que llegado el caso de volver a habitar esa otra realidad de la que tanto le hablaba, la ayudase a entrar y no la dejase atrás. Me comprometí a ello y quince años después, vino a mi mente como flecha endiablada.

En esas, ya tenía claro llevar a cabo ese impulso que sentí de escribir un libro, para mostrar que otra forma de vida es posible. La felicidad no era algo mental, me fue mostrada, existe. Aunque, antes tenía que descubrir qué me estaba pasando. Lo tenía que tener claro, no quería confundir a otros como yo mismo lo estaba, y más con los acontecimientos que quedaban por venir.

El proceso se iba complicando y ralentizando a medida que avanzaba. Decidí comenzar a formarme, quería saber si tenía cualidades para escribir ese libro, preguntas típicas del ego. De hecho, conocedor de mi poca cultura y habiendo dejado los estudios a los catorce años, mi confianza en esa parcela era escasa. Así que comencé un curso de escritura que, casualmente vi anunciado en un papel pegado a una farola, a modo de llamada: *Taller práctico de cuentos cortos*. Me enseñaron el noble arte de escribir, descubrirme y continuar mi proceso a través de la escritura, un poco mental, seguro, pero de gran aporte. **Antonio Almansa**, escritor y creador de *Paréntesis* fue mi profesor, quizás no nos entendimos, pero estoy agradecido de lo aprendido junto a él.

Volviendo a las meditaciones caseras, antes del taller de escritura, recuerdo una ocasión en la que casi lo consigo. Llegado a un punto, sentí cómo entraba en un vórtice de energía que me arrastraba y absorbía fuera de control, y al contrario que le ocurriese a **Eckhart Tolle**, entré en pánico, consiguiendo salir en el último momento. Estaba en el salón de casa, Desiré me acompañaba, y lejos de amedrentarse, me puso un bolígrafo y un papel delante para que escribiese todo lo que me pasase por la cabeza. Así lo hice, nunca antes ni después escribí tan rápido, no sabía de tal capacidad, aquello sí que era escritura automática. Todo mi miedo fluyó a través de la tinta a una velocidad de vértigo. Muy a mi pesar, tiempo después, me deshice; por aquello del desapego, de estos documentos junto con otros recuerdos de peso en mi proceso, como el pasaporte, la piedra y otros testigos de aquel viaje a la India que más adelante relato.

Tras lo sucedido, salimos a dar una vuelta, necesitaba aire fresco. Fuimos al paseo marítimo; encontrándome tan cargado de energía, que comencé a correr con todas mis fuerzas. Ya de regreso a casa, no me quedaron ganas de volver a meditar.

Días después, sintiéndome perdido, me acerqué pidiendo ayuda al Templo Hindú situado en Benalmádena, la localidad donde resido. Me abrió Dushyamt, el responsable del centro, fue todo un acierto. Le agradezco tanto su atención y comprensión, que no sabría cómo plasmarlo en este papel. Ese día, durante nuestro encuentro, me relató un cuento sufí que versa sobre cuatro discípulos que tienen un Samādhi repentino:

Uno huye aterrado para nunca volver a la búsqueda espiritual, otro muere de infarto al no resistir su corazón, otro se vuelve loco por la incapacidad de asimilar e integrar lo vivido; y, por último, el cuarto se ilumina y se mantiene en estado de plenitud.

Me hizo entender que eran los miedos lógicos y normales

que suelen o pueden sobrevenir con estas experiencias; y aunque no profundizó, quizás por conocedor de mi ignorancia y miedos, sí me transmitió la tranquilidad que necesitaba en ese momento. No me iba a ocurrir nada, era un regalo que me había sido dado. ¿Por qué? No lo sabía. Pero sí me aseguró que me lo merecía, que ese estado era buscado por muchos, al tiempo que me señalaba una esquina del Templo, donde se hallaba, en postura de Loto, un anciano con barba y pelo blanco; mientras me explicaba, que a pesar de que ese señor y él mismo practicaban la meditación desde la infancia, aún no lo habían vivenciado en sus propias carnes.

Capítulo V

Al fin hice crac.
Comienza mi proceso, mi despertar

Casi dos meses antes del accidente, el 31 de julio de ese mismo año, 2001, me encontraba en Madrid, en las oficinas de la empresa en la que trabajaba como Supervisor de Ventas. Frente a mí, tenía al Jefe Nacional de Ventas aceptando mi dimisión. Me encontraba justo donde él quería, se lo puse en bandeja. No tenía el poder para echarme, pero sí para desestabilizarme. Concretando, sufrí mobbing. Era su sucesor natural, desde el inicio fui número uno en ventas y me gané el aprecio y respeto de la empresa, compañeros y el suyo propio, que luego se tornó en incomodidad por temor a perder su puesto, o al menos, así lo percibí.

El día anterior, tras despedir al último vendedor, de los varios que me ordenó echar, a mi entender, sin justificación suficiente en algún caso y motivado más bien por el acoso y derribo hacia mi persona, lo llamé y le comuniqué mi dimisión, la cual aceptó de inmediato, con la petición de que les dijese a los compañeros que me iba un año a Inglaterra para estudiar inglés, con la intención de volver a ocupar mi puesto una vez finalizado mis estudios. Desde aquí, desde estas líneas, pido disculpas por mi actitud cobarde y de huida ante aquella situación, por no haber defendido los intereses de las personas que despedí y los míos propios.

A pesar de lo dicho, le tengo aprecio y le estoy agradecido, y no sólo por mi despertar, que no es poco. Al inicio, mi labor se vio valorada, las cifras de ventas hablaban por sí mismas, siendo reconocido con múltiples premios. Todavía recuerdo cuando uno de los lunes que andaba por la oficina, y en presencia de algunos compañeros y cargos de la empresa, me dio una fuerte palmada en mi muslo derecho, a la vez que vociferaba algo así como: "Este es un caballo ganador, un auténtico pura sangre", no sólo me dejó la marca de su mano impresa en mi muslo durante el resto del día, sino que ésta aún perdura en otro lugar superior. Fue la confirmación, me reconoció. Otra cosa es lo que sucedió después, cuando pasé a ser competencia.

Sin saberlo, aquella dimisión fue mi crac, quebré. Volví a casa, donde ya no me esperaba nadie -unos meses antes me había separado por primera vez- encerrándome en un retiro sin intención ni rumbo. No sabía qué hacer, estaba agotado, había tirado la toalla, estaba harto de sufrir injusticias. Esperaba que la vida me premiase por tanto esfuerzo, trabajo y lucha, pero casi siempre ocurría algo que hacía salir mi infelicidad y desdicha. Digo esto porque en realidad no es que suceda algo que nos haga infelices, lo que ocurre es que la vida nos pone delante algo que manifiesta nuestra infelicidad. No proviene de fuera, la infelicidad ya está ahí.

Antes de comenzar en esta empresa, me formé como Gestor Intermediario en Promoción de Edificaciones **(GIPE)** y regentaba una inmobiliaria de mi propiedad. Aunque el negocio iba bien, abandoné por motivos similares, no soportaba esas injusticias, y de alguna forma las atraía, me sentía maltratado por la vida. Defendía a clientes que luego me defraudaban, percibía ataques por todos los frentes, al igual que en la empresa de excavaciones que abrí con mi hermano. En aquella ocasión, terminé quemado por causas parecidas y por la llegada de la crisis económica de los noventa. Como veis, el roll de víctima era una constante en mi vida.

No entendía nada, sólo estaba diseñado para sufrir, le podemos llamar *Indefensión aprendida del Psicólogo* **Martin Seligman**, *Atribución de responsabilidad externa* o *Lecciones de vida*, ¿qué más da? El caso es que no tenía ni idea de lo que ocurría. Sólo sufría, era un luchador muy capacitado, pero no daba pie con bola, había tocado fondo. A mis treinta y dos años, habiendo tenido mi primer trabajo a los catorce y montado mi primera empresa a los diecisiete, no sabía qué dirección tomar. No quería volver atrás, y mis ambiciones y búsqueda de reconocimiento, no encontraban recompensa. Esa desesperación me hizo parar por primera vez. Estaba abatido, no sabía lo que era el descanso, así que decidí tomarme un tiempo sabático. Nunca imaginé que sería tanto, aunque en realidad no hubo descanso. Han sido los años más intensos y provechosos de mi vida.

Coincidiendo aquellos inicios de retiro con la feria de agosto de mi querida Málaga, hice algo inusual. Me fui solo, a la feria de día. Estando en uno de los locales destinados a tal fin, tuve la suerte de conocer a Magda, algo mayor que yo y mucho más sabia. Resultó ser vecina; y para profundizar en mi temática, volvimos a quedar, siéndome de gran ayuda consejos suyos como: "Mantente presente, no pienses en nada, céntrate en lo que estés haciendo en cada momento". Siguiendo mi *modus operandi*, me entregué en cuerpo y alma a esa labor, junto con hacer deporte y escribir vomitadas sobre mi sentir. Sin saberlo, fueron días terapéuticos. Observé cómo escribir me liberaba de ciertas cargas, sobre todo me di cuenta de que no era. Mis actos eran motivados para satisfacer a otros, para ser valorado por los demás.

De hecho, una de mis grandes revelaciones, fue hacerme consciente de que todo lo hacía para obtener el reconocimiento y la aprobación de mi hermano mayor, el cual ocupó el lugar de mi progenitor, mi referente.

Como consecuencia de todo ello, comencé a notar cambios. Uno de los días que salí a correr, mis percepciones eran diferentes: el mar, la gente, todo se me antojaba más bello. Andaba presente sin saberlo. La mente se había parado y estaba aquietada, no tenía idea de lo que estaba ocurriendo. Continué con mi deporte y mindfulness particular de estar presente en cualquier momento y lugar. Avanzaba a pasos acelerados. Ese estado de dicha y quietud era cada vez más estable e iba en aumento. Una noche, y tras una conversación trascendental con mi amigo Guillermo, llegué a vislumbrar la luz, esa luz que había oído en ocasiones que encuentran las personas tras la muerte o en experiencias cercanas a la misma. Esto era lo único que sabía sobre experiencias místicas. Y ésta, la experiencia más cercana al "Samādhi o Satori" que había percibido; o, mejor dicho, **Kenshō o Savikalpa Samādhi**, (Samādhi iniciático no voluntario).

Una vez ocurrido, si se continúa con años de práctica meditativa, se llega al **Nirvikalpa Samādhi**, éste se consigue a voluntad. El *Kenshō* o *Savikalpa Samādhi* son estados efímeros, pequeños regalos para indicarnos el camino, y en este caso particular, el inicio del regalo, algo más tenue aún.

Estos términos lo podéis encontrar en Wikipedia u otras fuentes, es una mera aclaración para situarnos en la materia y poner cierto orden en el proceso. Lo que de verdad quiero transmitiros es la experiencia, que es de lo que puedo y debo hablar.

Cuando sí me fue dado el **Savikalpa Samādhi** fue al día siguiente. Al finalizar la tarde, después de realizar deporte; y luego de dar un paseo adentrándonos en temas espirituales, donde mi amigo manifestaba que esta vida no era la realidad última y que la verdadera vida venía tras la muerte, continuamos la charla en su casa. Sentía como mi nivel de conciencia se elevaba conforme avanzaba la conversación, nos mirábamos a los ojos profundizando en cada palabra. Me transmitía y sentía confianza y fe ciega en el más allá, en lo Divino.

Al llegar su mujer, abandoné la casa y me percaté de que había anochecido. Mi estado de conciencia era elevado, me hallaba henchido. Me situé en el asiento del conductor con la certeza de que otra vida era posible, de que Dios existe y de que al otro lado me esperaba el amor que ya percibí el día anterior. Me venían a la mente los testimonios de personas que, tras experiencias cercanas a la muerte, afirmaban haber tenido vivencias con una luz que transmitía paz y amor. Mi ignorancia era brutal, aunque adecuada para llevarme donde me llevó.

Puse en marcha el motor de mi vehículo, aparcado en la puerta del bloque de mi amigo, una solitaria y larga calle ascendente, que concluía en una rotonda sembrada de árboles. Inicié la marcha con mi temática de fondo y la fijación de ir con Dios. No quería sufrir más. Mi vida, aunque sin saberlo hasta esos momentos, había sido un infierno, no conocía momentos de paz y quietud, sólo lucha, resistencia e intentos de control. Reproducía una y otra vez situaciones injustas, era mi programa, mi prueba de aprendizaje para despertar. Sin entrar en profundidad, haré un breve inciso. Los suicidios grosso modo, suelen tener dos motivaciones: una es la huida, por no soportar tanto sufrimiento, como era mi propio caso, y el otro, la venganza, el castigo, algo así como: *no paráis de joderme, ahora os vais a enterar*, en un intento de cargar a los demás con la culpa.

Sumido en esa confusión, metí primera, luego segunda, mientras iba accediendo a un estado de dicha y paz. Conforme entraba, iba sintiendo amor, quería y deseaba llegar a él; de hecho, era la única forma que creía posible. Deseé, desde lo más profundo, servir a Dios, serle útil en la ayuda a los demás. Es posible que la lectura que estás haciendo en este momento sea la materialización de ese deseo. Fui acelerando el coche hasta cambiar a tercera y pisar el pedal a fondo, en este preciso instante, lo tuve claro. Mientras el rugido del motor se abría paso por mis oídos, se produjo un acto de entrega absoluta, accedí al cielo (Kenshō o Savikalpa Samādhi).

Dejé de percibir a través de los sentidos habituales, me envolvió una preciosa luz, de tal forma, que pasé a formar parte de la misma. Me convertí en luz, en amor. Si Dios existe, somos eso. Desde ese momento, no lo siento como algo fuera de mí, podemos decir que somos él o que se manifiesta a través de nosotros, pero nunca como algo externo. En mi posterior viaje a la India, conseguí estados elevados de conciencia, debido o como consecuencia de pasar unos diecisiete días sin dormir ni comer, o quizás fuese a la inversa, no lo sé. En aquel viaje sentí ser él. Este hecho me produjo tal conmoción que mi ego aprovechó para hacerme entrar en el miedo, y casi en la autodestrucción. Ahora lo narro en el siguiente capítulo. No sentí impacto alguno, ni ruido, ni dolor, *sólo paz, amor y dicha*. Ya había llegado, por fin en casa.

Capítulo VI

Viaje a la India sin billete de vuelta.
A mi infierno

Como comenté en capítulos anteriores, ese estado de lucidez fue decayendo y lo siguieron tiempos de búsqueda y lecturas incansables. Llegué a leerme cuatro o cinco libros por semana, iba a todas las charlas y conferencias que podía, visitaba los centros en busca de ayuda para comprender mejor lo sucedido; y, sobre todo, quería y deseaba recuperar ese estado de lucidez perdido.

En aquella época practiqué varios tipos de meditaciones, una de ellas en el Dojo Zen de Málaga, otra en un centro de Brahma Kumaris en la misma ciudad y Yoga Iyengar con Jose María Vigar. También opté por varios tipos de ceremonias chamánicas y retiros terapéuticos.

En medio de toda esta confusión, y después de múltiples contactos con personas del ámbito espiritual, decido emprender un intrépido viaje mochilero a India, con tan solo billete de ida. Mi argumento: *ir a cometer un asesinato*, eso les decía a mis allegados, quería acabar con la parte de mí que no era real, esa parte ficticia, ilusoria y artificiosa que creemos ser y no somos. No quería seguir sufriendo después de haber conocido el cielo, me aterraba la idea de volver atrás, de volver a ser el mismo de antes del accidente. Deseaba volver a ser amor, sólo tenía que liberarme del ego. Es más, iba decidido a cualquier cosa. Prefería estar muerto que a medio vivir.

Aún no sabía que al ego no se le vence, al ego se le abraza e integra, pasando a nuestro servicio de alguna otra forma más sutil.

Este viaje fue una temeraria y profunda introspección. Entendí las piezas importantes que formaban mis problemáticas, salieron a relucir mis traumas y miedos más arraigados, hasta el punto de perder la cordura.

Lo primero que hice a mi llegada a **Nueva Delhi** fue dirigirme como buen mochilero al **Paharganj**, alojándome en el típico hotel de la zona. Contaba con una terraza en la azotea, donde servían un delicioso té con buenos trozos de jengibre y ginseng que me comía una vez consumida la infusión. Era lo que me mantenía despierto y con energía durante el día. Debido al impacto tan brutal que sufrí a mi llegada a India, no conseguía conciliar el sueño. Los conocedores de la India saben que ésta, enamora o hace huir sin mirar atrás. Es un país de contrastes, que no deja indiferente a nadie. No es tan solo un cambio de cultura, es como viajar a otro planeta, a otra dimensión.

En mi deseo de encontrarme bien durante el día, me tomaba aquellas ricas infusiones, entrando con ello en un círculo vicioso. Los dos primeros días consumí algún alimento en los puestos o pequeños locales de la zona, pero me fui desganando hasta llegar a tomar tan sólo unos batidos de zumo natural que ponían en un puesto cercano al hotel, dejándolo de hacer cuando salí de Paharganj. Mi intención era quedarme en Delhi un par de días para continuar hacia Rishikesh, donde me alojaría en el **Yoga Study Centre**, Ashram del **Swami Rudra Dev**, maestro de mi amigo **Joaquín G. Weil**, donde pretendía pasar un tiempo practicando Yoga, visita que aún hoy tengo pendiente, junto con un regalo que me dio Joaquín para él, una esterilla de Yoga que dejé en el hotel cuando comencé con el proceso de desapego.

Lo que no olvidé, fue el consejo de Joaquín. Este se me grabó a modo de disco rayado, es posible que me salvase la vida. Me dijo: "Andrés, no vayas a la India de tirado, no seas el típico mochilero, allí no se puede ir de eso, no olvides afeitarte y asearte a diario, mantén en todo momento una buena apariencia. Que no te confundan". Así lo hice, incluso en los peores días no olvidé su consejo, quizás por eso, y porque en la foto del pasaporte portaba traje, siempre sentí que me trataron cortésmente, a pesar de mi estado.

Fui demorando la salida de Paharganj debido a mi inestabilidad y a los miedos que iban apareciendo. Todo ello fue aumentando conforme pasaban los días. Fueron sucediendo profundos encuentros con personas en las que depositaba mi confianza y mi deseo de ser ayudado. Eran días donde aumentaba mi intuición, donde, sin saber por qué me dirigía a desconocidos que sentía me podían ayudar, buscaba fuera sin descanso. Como el caso de Marta, una chica de Mallorca que conocí en un locutorio, me acerqué a ella por pura intuición. Compartimos algunos momentos trascendentales, como la noche que elevamos nuestro nivel de conciencia durante una conversación, al igual que sucediese con mi amigo Guillermo, la noche que estrellé mi coche contra la rotonda. Luego no fui capaz de mantener ese estado, ni supe como aterrizar, ella se asustó y me dejó en la habitación cuando recurrí a una ducha fría. La solución me vino al recordar la lectura de uno de los libros de **Carlos Castaneda**, en el que **Don Juan** lo metió en un barreño con agua fría para bajarlo a tierra.

Marta era una buscadora incansable que viajaba con frecuencia a la India de mochilera, mientras hacía algunas gestiones de importación para una hermana que tenía una tienda en Mallorca, donde ella trabajaba cuando no viajaba. Me presentó a un comerciante que le vendía sus productos, y que días posteriores, tuvo gran influencia en mi estado y en el rumbo de mi viaje.

Otro encuentro importante tuvo lugar con dos chicas valencianas en su último día de vacaciones. Fue fantástico y esclarecedor, crecía a un ritmo endiablado y podría haberlo hecho aún más, si llego a permanecer más tiempo en su compañía. Recuerdo cómo íbamos etiquetando a nuestro derredor, a las personas como más o menos dormidas, me iban como evaluando, siendo mi criterio coincidente con el de ellas y, por tanto, la sincronicidad y su atención se iban dando.

Estas chicas me entendieron, me transmitieron paz y me pude manifestar con total profundidad. A ellas les pude concluir que estaba pariéndome allí mismo. Me dijeron que no era el mejor de los sitios para renacer, en pleno Paharganj. Para los que no lo conozcáis, es un caos, un auténtico hormiguero de seres humanos. Luego de la conversación e irnos a dormir, no conseguía conciliar el sueño como venía siendo habitual. De nuevo hizo su aparición el miedo. Al pensar que se marchaban a la mañana siguiente, me dirigí hacia la puerta de su habitación, golpeando la misma hasta despertarlas. Me tranquilizaron, y ahí quedó este bonito encuentro con las valencianas.

Mi mente comenzaba a amedrentarme. En esto, una de las noches, en la terraza del hotel, conocí a una pareja de Granada, pertenecientes a los **Hare krishna** de las Alpujarras, y a un joven que los acompañaba, creo recordar que pakistaní. Mantuvimos una conversación donde me dijeron que allí no me podían ayudar, pero en las Alpujarras sí podrían echarme una mano. De aquel encuentro, me quedo con la historia en forma de consejo del pakistaní, hombre de presencia y majestad. Decía haber servido en el ejército de su país, perteneciendo a un grupo especialista en desactivar explosivos. Me explicó, mirándome a los ojos, que si la mente se apoderaba de ellos mientras desactivaban un campo sembrado de minas, como le pasó a alguno de sus compañeros, entraban en pánico y salían corriendo, costándoles la vida o la amputación de algún miembro. Así, aprendió a vivir el presente.

Esa misma noche, después de bajarme a la habitación y no poder dormir, cogí una manta y subí de nuevo a la terraza del hotel -la cafetería- con la intención de conciliar el sueño, así que una vez allí, me enrosqué en uno de los sillones con la manta. Minutos más tarde, sucedió algo extraño, sentí la presencia de alguien. Al abrir los ojos vi a un hombre alto, de piel morena y complexión atlética. Se hallaba erguido y lo cubría un largo abrigo negro, al igual que el resto de su vestimenta, pelo y ojos. Le mantuve su mirada penetrante e invasiva sin parpadear, cuando un escalofrío me recorrió el cuerpo. Sin mediar palabra, se dio media vuelta y se marchó. Me cambió la energía, me quedé raro, como ido. Cerré los ojos y continué con mi deseo y necesidad de dormir.

Al día siguiente me dirigí a la tienda donde Marta, la mallorquina, hacía sus compras, para pedir asesoramiento sobre mi viaje en bus a Rishikesh. El señor me ofreció un té que tomamos en su trastienda, y me dijo que no era buena idea viajar solo por la India en esas condiciones, y mucho menos quedarme por aquella zona, así que ni corto ni perezoso me espetó tal que así:

- Aquí tenemos los dos polos, el espiritual y el terrenal, y vosotros los europeos pensáis que a la India se puede venir en cualquier estado; como consejo te digo, que aquí la vida de una persona no vale nada. Por lo que llevas encima, en otra tienda, te podían haber echado algo en el té, haberte despojado de tus pertenencias y sacado por la puerta de atrás. Te habrías quedado ido por las calles de Delhi, sin dinero ni documentación, a tu suerte.

Me acojonó, era lo último que necesitaba oír en aquel momento. Lejos de ganarse mi confianza, la mente aprovechó para meterme miedos. Estas conversaciones eran lentas, debido a mi escaso nivel de inglés.

Este señor me regaló una piedra de cristal natural, que según decía, me equilibraría los chacras, y me aconsejó que cambiase mi destino de Rishikesh a los lagos de Cachemira, de temperatura más fría, para que me asentase en tierra. Tenía un amigo que se encargaría de reservarme una plaza para un crucero por dichos lagos. También me preguntó por mis ingresos anuales, con la excusa de adecuarse a mis posibilidades. Esto último, hizo que apareciese el miedo con más fuerza. Al día siguiente tomé un nuevo rumbo, sin ni tan siquiera despedirme de él, tras conocer a Laila, mochilera canadiense, que se dirigía a Goa, lugar de playa y sol situado al suroeste del país. No dudo que las intenciones y consejos del comerciante fuesen de lo más honesto y adecuado, sobre todo por su sinceridad; pero en el estado que me encontraba, cualquier mínima duda se convertía en hueso a roer, que mi mente utilizaba para mi acose y derribo.

Laila me inspiró gran confianza y tranquilidad. Durante ese día junto a ella aprendí mucho. Era una chica con los pies en la tierra, inteligente y avispada, de gran corazón y realización. Aquel día, durante un paseo por el Paharganj, fui a darle una moneda a una señora que se encontraba pidiendo, con la que supuse su hija enferma. Mi acompañante me cogió del antebrazo impidiéndome realizar la acción, me desconcertó. Laila me explicó que, en India, al igual que en otros lugares del mundo de similares características, comercian con los niños, y de forma más habitual con las niñas. Pudiera ser que la hubiese comprado para mantenerla enferma en su beneficio; con lo cual, si le daba dinero, perpetuaría la crueldad. Lógica aplastante la suya, pues cuesta creer que una madre lleve por las calles a su hija en semejante estado. Era tremendo el aspecto de la chica.

En cambio, cuando nos acercamos a la estación de tren para sacar los billetes hacia Goa, paramos a conversar con una niña que pedía en las escaleras de la estación. Uno de los más bellos encuentros que tuve en aquel viaje. Fue como ver a Dios a través de sus bellos ojos claros. Sus labios dibujaban una preciosa sonrisa. Pensó que éramos pareja y esto la hacía mirarnos con más cariño y ternura si cabe. Cuando nos marchamos, sentí como nos bendecía con su mirada.

Emprendimos rumbo a Goa en un tren de época colonial. Fue toda una experiencia que disfruté a pesar de mi avanzado estado de cansancio y desequilibrio. En nuestro departamento coincidimos con otra chica de habla anglosajona que congenió muy bien con nosotros, en particular con Laila.

Fue un viaje intenso. La mente comenzó a tambalearme, a la vez que seguía profundizando en mi sensibilidad y en mis miedos. Continué con el desapego iniciado al salir de Delhi, al dejar la esterilla de Yoga, y tiré por la taza del wáter la preciosa piedra regalada por el comerciante. Por la noche, al no poder dormir, practiqué estiramientos en la misma litera, observé cómo ganaba flexibilidad conforme me iba relajando y adentrando en mis sombras.

Al llegar a Goa nos dirigimos a una estación cercana para coger el bus que nos llevase a nuestro hotel. El lugar era un gran y polvoriento llano terrizo, lleno de transeúntes y autobuses. Allí realicé una maniobra un tanto extraña y arriesgada, pero no quería dejar de hacerla por miedo. Cuando al bus le quedaba poco para salir, dejé mis pertenencias con mis acompañantes y me dirigí al baño un tanto apartado. Conforme me alejaba, me iba asustando, podía quedarme allí tirado si no regresaba a tiempo. Intenté relajarme adentrándome en el miedo, sintiendo sus efectos, sin prestar atención a la mente. Mis pasos fueron cada vez más pausados y tranquilos a la vez que sentía cómo me bullía todo por dentro, sobre todo confiaba, sentía la certeza de que regresaría a tiempo.

A la llegada al lugar de destino, observé cómo la relación con mis acompañantes se distanció. Me vi solo en aquel hotel de playa, en una habitación individual con baños comunes, en la cual pasé mis largas y tormentosas noches oscuras del alma. Visité la playa, donde sucedían cosas extrañas por mis percepciones y desequilibrio. Mi sensibilidad aumentaba, el mundo se volvía más sutil, al igual que sucediese tras el accidente. Al mirar a los ojos a las personas intuía su fondo, sus intenciones, su alma diría yo. Pero a su vez, el ego bien instaurado y poco trabajado aún, se apropiaba en parte de ello. Comencé a sentir con más claridad la necesidad de ayuda.

Fueron noches intensas. Me sumergí en mis traumas de infancia más profundos, en aquellos abusos y en el origen de aquel estrés postraumático que no me atreví a visitar hasta ese momento. Me vi tumbado boca arriba, en el colchón que situé en el suelo de la habitación, profundizando en mi inconsciente, en mis partes más oscuras, en esas que se manifiestan en nuestro presente de múltiples formas. Mi mente activó en su momento los mecanismos de defensa necesarios para mi supervivencia; y para ello, hizo como si algunas cosas nunca hubiesen sucedido; otras, aunque sabes que sí, las recordaba de forma tenue.

Una de las noches en estado delirante, aparecieron unas convulsiones. Ambos pies chocaban entre ellos, sin que las piernas se moviesen, como si las tuviese atadas. Producían un ruido seco y profundo al chocar los huesos salientes de los dedos gordos de ambos pies. Era sorprendente observar cómo una parte de mi cuerpo se movía al margen de mi voluntad. Estaba liberando mediante catarsis, la memoria inconsciente somatizada en el cuerpo. Luego integré y comprendí que mi cuerpo reproducía los únicos movimientos que pudo hacer cuando de niño fui sujetado por el personal sanitario, mientras el médico me extraía aquellas agujas infectadas.

En estas noches de soledad, comencé a hacerme lavativas caseras utilizando el conducto que abastecía la cisterna del baño más cutre que se puedan imaginar; a esas alturas de mi recorrido, sólo quería salir del infierno; más aún después de haber conocido el cielo. Esta operación la repetí varias veces durante varias noches. No sé qué me empujaba a hacerlo, ni tenía conocimientos en esos momentos de ningún tipo de purga o lavativa, sólo sentía que lo necesitaba. Quería llegar hasta el final, aun a costa de peligrar mi vida. Sabía que caminaba en buena dirección, quizás no eran las formas más adecuadas para preservar mi integridad, pero lo tenía claro: vivo o muerto, las medias tintas se acabaron.

Otra de mis problemáticas era que, de pequeño me orinaba en la cama hasta una edad avanzada; y como andaba enfrentando y descubriendo mis límites, intenté hacerlo a voluntad, pero no podía. En una de esas noches de búsqueda desorientada y al borde de la locura, lo conseguí, oriné en el mismo colchón que dormía, liberándome con ello de esos condicionamientos y límites establecidos; aunque era más bien un acto delirante, una forma de vencer miedos sin más, cosa ésta no muy correcta ni agradable -supongo- para el propietario del hotel.

Durante éste mi viaje, pude leer y entrever algunas de las reglas que rigen la vida, observando incluso reacciones que se producían en mi propio cuerpo ante actos -adecuados o inadecuados- que realizaba. Podemos decir, que era la Bioneuroemoción en acción con manifestaciones inmediatas. Cada vez perdía más tierra, comenzaba a hacer extraños; después de unos quince días sin dormir, era lo normal, andaba en los límites. Otra persona ya hubiese sufrido brotes psicóticos o incluso esquizofrenia si fuese propensa a ella por predisposición genética. Aún sin serlo -si no dormía- aparecerían de forma inexorable tras los brotes. Luego podría sobrevenir la muerte si rebasaba los veinte días sin dormir;

en mi caso y a estas alturas, no tardarían en llegar los brotes. Es probable que estuviesen presentes los micro sueños, aunque no los percibiese. Sería la explicación más lógica para entender que no hubiese llegado a más. Estos son esas pequeñas cabezadas que damos cuando estamos agotados, a veces imperceptibles para nosotros mismos. Nada de estos peligros sabía en aquella época, pero los intuía.

Fui comprendiendo que, si no salía de allí con vida, sería inútil tanta introspección y sacrificio. De las dos chicas con las que llegué no sabía nada, y pedí ayuda a un señor alemán que me transmitía confianza, lo vi con cierto grado de presencia y bondad. De hecho, una noche entré en pánico e irrumpí en su habitación de forma abrupta, incluso más que con las valencianas en el hotel de Paharganj, rozando los límites de seguridad oportunos, pudiendo tener unas graves consecuencias de no ser por su comprensión. Me ayudó en lo que pudo, me tranquilizó y conseguí concluir la noche sin más incidentes. Pero, sobre todo, me quedó claro su mensaje; *esta vida no es un juego*. Aun a sabiendas de que no es real, no se debe tomar a la ligera, todo acto tiene sus consecuencias.

Grandes místicos, como **Santa Teresa de Jesús** o el propio **San Juan de la Cruz**, escribían sus obras entrando en contacto con lo divino, tras largas noches de vigilia. O quizás era, al contrario, al entrar en contacto con lo divino, se energizaban y no dormían. En algún momento del proceso vivido en aquellas noches de delirio, tuve la certeza de ser Dios, supe que éramos **Él**. Esto fue desestabilizante: mi ego no estaba aún preparado para aceptar que no era. Estas revelaciones me hicieron entrar más en el miedo, me aterraba ser él como algo externo a mí, interpretación errónea del ego. No podía integrarlo, aún no tenía la capacidad de dilucidar cómo era aquello. Mi mente se resistía a echarse a un lado para dejar pasar lo divino, para fundirnos en ese todo al que pertenecemos y del cual formamos parte.

Una de las noches entré en contacto telefónico con mi ex mujer, necesitaba hablar con ella, era mi eterna cuestión: *¿La amaba o no la amaba? ¿Quién era ella?* Sentí la necesidad de oír su voz, de tenerla cerca. No sabía qué nos unía, pero era evidente que nuestro vínculo era algo más que una cuestión de afecto, o de un mero enganche emocional.

Desiré tuvo que dejar de trabajar y meterse en cama. Parecía que lo hubiese somatizado. Al igual que cuando ella pensaba intensamente en mí y me sobrevenía el impulso de llamarla. Como aquel día, que estando separados y llevando meses sin hablarnos, llegó a su casa y se encontró la puerta forzada, asaltándola el miedo. Como si de telepatía se tratase, la llamé para saber cómo estaba, algo dentro de mí me empujó a hacerlo.

En mi última mañana en Goa, me encontraba en el bar del hotel acompañado del señor alemán, que me instaba a tomar un sándwich y un zumo natural, creo recordar que algo pude ingerir. Luego, en este mismo lugar, y a solas, mantenía una conversación telefónica con el hermano de Desiré. Estaba intentando ayudarme desde España a través de la embajada, motivo por el cual le estoy agradecido. Recuerdo que a duras penas le pude facilitar la dirección del lugar donde me hallaba, y le pedía que viniesen a recoger mi cuerpo, me faltaban fuerzas para regresar, incluso para hablar. A pesar de su buen hacer e intenciones, me sentí incomprendido, y en un acto de abatimiento y entrega, abandoné encima de la mesa el móvil y mi cartera, dejando los bolsillos vacíos. Me levanté y comencé a caminar sin rumbo por las calles de aquel lugar. Por fortuna, el señor alemán se percató de la maniobra, y cogiendo mis pertenencias, me buscó hasta dar conmigo, me llevó a una agencia de viajes y me sacó los billetes de avión: uno para Delhi, donde tenía que pasar de un aeropuerto a otro, para luego coger un vuelo a España, aunque no recuerdo si con transbordo en Alemania. Me pidió un taxi, conseguí hacer la mochila como pude, y tomé rumbo al aeropuerto. Meses más tarde, me informaría Laila por e-mail que apareció por allí la policía buscándome y haciendo preguntas sobre mí.

Al aterrizar en Delhi, tomé un auto rickshaw para ir al otro aeropuerto. Durante el trayecto y sin motivo aparente me sobrevino una intuición o un gran miedo, en el estado en que me encontraba ya no sabía diferenciar. En plena caravana, salté del auto rickshaw y corrí hasta un taxi cercano.

Ya en el otro aeropuerto, iba de una puerta a otra, sin apenas poder leer el billete que llevaba en mis manos. Cuando por fin di con mi puerta de embarque, resultó ser el último vuelo de la noche. No podía más, mis fuerzas estaban al límite, las piernas me temblaban, la mente empeoraba por momentos, aparecían los primeros brotes psicóticos, alucinaba dentro de mi delirio. Se acentuaba ese buscar fuera la respuesta, esa llave que me abriese la puerta a la realidad. Era como una tortura a pequeñas dosis, apenas podía coordinar, me venían pensamientos inconexos, aparecían errores del pasado a modo de Karma, tanto los cometidos, como los que sufrí. Veía personas que me recordaban estos hechos, o las creía ellas. Los brotes hacían su aparición con fuerza y nitidez. Recuerdo creer ver en la portada de un periódico la foto de mi ex jefe:

habían llegado las alucinaciones de los brotes. El siguiente paso, si no dormía, sería la esquizofrenia; y esto dejaría secuelas, si rebasaba esa línea, no volvería a ser el mismo.

Una vez accedí al avión, tuve dificultades para encontrar mi plaza y como si de un oasis después de una maratón por el desierto se tratase, me senté. Por fin podía relajarme y descansar, este avión me llevaría a casa. Creo que incluso cerré los ojos y me disponía a dormir, cuando un señor bien vestido, me demandaba el asiento. El destino, como diría el maestro Sabina, *me tenía preparada una broma macabra.*

El otro pasajero se dirigía a mí solicitando su sitio. Me pedía por favor que me desplazase al asiento contiguo para él ocupar el suyo. Desconcertado y sin poder articular palabra, me limitaba a mirarlo, mis neuronas y energía ya no daban para más. No podía comunicarme con él, ni desplazarme de asiento, no era capaz de coordinar mi aparato locomotor lo suficiente. Me quedé bloqueado. En esto, llamó a la azafata y tras ver mi estado, pidió ayuda. Llegaron unos señores trajeados, que no sabría decir si eran policías de paisano, seguridad o personal del aeropuerto. En aquellos momentos y dentro de mis alucinaciones, el trayecto desde el avión al taxi y luego hasta el hospital, se me hizo eterno, terrible y torturador. Mi mente imaginaba el peor de los castigos, los brotes seguían haciendo aparición; y a estas alturas, tanto el miedo como el agotamiento eran extremos.

A mi llegada al hospital EAST WEST MEDICAL CENTER PVT. LTD., cuando eran las cuatro y media de la madrugada del 29 de noviembre del 2002, me sentaron en una camilla, y lo último que recuerdo, fue ver cómo me infiltraban algún tipo de sedante que me hizo dormir al instante. Me suministraron medicamentos que me mantuvieron aturdido durante mi estancia en aquel hospital. Permaneciendo en todo momento acompañado por una persona, en realidad eran dos que se iban turnando.

Recibí la visita de la secretaria del embajador, la cual me obsequió con una caja de bombones, a la vez que se disculpaba por la tardanza en la visita, debido a otra urgencia que tuvo que atender; en aquellos días, un montañero murciano de cuarenta años perdió la vida en un accidente mientras practicaba alpinismo en la zona de Nepal. Me tranquilizó al comunicarme que mis hermanos venían en camino para llevarme de vuelta a casa. A las diez de la mañana del día 3 de diciembre salimos del hospital camino al aeropuerto rumbo a Málaga.

No tengo memoria del viaje de vuelta. Me recuerdo entrando por las puertas del Hospital de Salud Mental *Hermanas Hospitalarias del Sagrado Corazón de Jesús* acompañado de mis hermanos. Mi gran miedo se materializaba. Para sorpresa de todos, tuve un momento de lucidez. Me volví hacia mi hermano mayor, y le expuse tal como sentí:

- *Ya me tenéis donde siempre quisisteis. Pero te digo una cosa, que sepas que éste no es mi sitio, yo no estoy loco.*

Me di media vuelta y entré en el hospital. Curiosa lucidez en momentos tan nublados, como por inspiración divina, lo vi todo con claridad.

Era fin de semana y no me pudieron examinar, aunque sí tuve tiempo de conocer el centro, observar a otros internos y tomar conciencia desde la quietud que da la alerta. A la mañana siguiente vinieron a recogerme, haciéndose responsable de mí Desiré. Según me confesó, mis palabras resonaron en mi hermano, hablaron y concluyeron sacarme. Lo que él no entendió, es que se hiciese cargo de mí en estas condiciones, teniendo en cuenta que estábamos separados. Ella se limitó a decirle que estuviese tranquilo, que no iba a pasar nada.

Lo que ocurrió estaba claro. Nada más llegar a casa me senté en una silla, mientras manifestaba los miedos de mi hermano y sonreía, según decía: *el que corría peligro era yo*. Fue un bonito reencuentro. Lo primero que hicimos luego, fue tirar los medicamentos por el wáter. Días después nos fuimos de vacaciones a Canarias.

Los viajes en sí mismos son transformadores. Desde el mismo instante en que pisas el aeropuerto, entras en estado de presencia; todo es nuevo, los lugares, las situaciones, las costumbres, la gente y a veces hasta el idioma; con lo cual, algunos automatismos carecen de sentido y funcionalidad. Esto hace que entremos de inmediato en el aquí y ahora, salvo que sea el miedo y la mente los que tomen el mando, como era mi caso antes de mi cambio, cuando viajaba estaba tenso y alerta, todo lo percibía como peligroso. Pero por lo general, si tenemos un mínimo de presencia, la expectación que nos crea, nos hace vivir el presente, al margen de lo que enriquece y abre la mente.

Una vez en Canarias, dejé de ser vegetariano por prescripción médico-familiar. Responsabilizaron de mi estado a la posible falta de vitamina B-12, cosa ésta no verificada con ningún análisis. Los primeros bocados fueron difíciles de ingerir, comenzando por los embutidos, para luego ir pasando a los pescados y por último las carnes.

También tuve un bonito encuentro con la quiromasajista que me facilitó con sus masajes un mejor descanso y una pronta recuperación. Durante las sesiones mantuvimos conversaciones que me hicieron sentir comprendido. Había realizado formaciones alternativas como reflexología podal, flores de bach y aromaterapia, entre otras, al igual que su amiga, dietista y trabajadora social, que me atendió en temas de alimentación entre otros. Entendieron lo que me ocurría, sintiéndome acogido por ambas profesionales. Les estoy agradecido por la ayuda y el apoyo prestado en esos momentos de confusión y aterrizaje.

En aquel viaje tuvo lugar un suceso sorprendente e inesperado. Una de las noches, estando en la habitación del hotel, Desiré, de improviso y sin sentido alguno, me dio una bofetada que me dejó petrificado. No hubo reacción por mi parte, no supe qué hacer. Sentí tal impotencia que incluso tuve la intención de tirarme por el balcón, abierto en aquel momento. ¿Cómo en una situación tan delicada, se le ocurría hacer algo así? Esa fue mi pregunta. Respondió que siguió el consejo de un miembro de mi familia; éste le dijo; *que eso era lo que me hacía falta para que se me quitasen las tonterías, una buena hostia.* Mi familia no entendía mi proceso, y mucho menos mi despertar. Esto sirvió para corroborar su teoría sobre mi locura, *la profecía autocumplida.*

Una vez recuperado, y para cerciorarme de que no había causas fisiológicas que justificasen mi problemática, acudí a un reconocido neurólogo, al cual le expliqué lo sucedido y le solicité me hiciese las pruebas que considerase oportunas, tanto él como el psicólogo que trabaja en su equipo. Concluyeron que no tenía ninguna patología ni había nada anormal, mi organismo estaba en perfecto estado; tanto así, que el psicólogo reconoció mi buen hacer en las conclusiones a las cuales había llegado, dando por buenos los traumas que deduje; sobre todo, lo que al abuso se refería. Era experto en el tema, habiendo escrito algunos libros sobre abusos sexuales en la infancia y sus consecuencias en la vida adulta. También me examinó un psiquiatra amigo, que al igual que los anteriores, corroboró que todo estaba bien.

Como anteriormente sucediese con la alimentación, mi familia arremetió contra mi insaciable apetito por la lectura, según ellos causante de mis males, junto con la meditación. Al igual que le ocurrió a Don Quijote de la Mancha, decían que mi locura procedía de esas largas jornadas de biblioteca. Así que, en aquellos momentos de obediencia e ingenuidad, llené una maleta de viaje, con valiosos ejemplares, y los llevé a una tienda de libros de segunda mano. Estaba tan convencido de lo que me decían que, incluso tenía cierto cargo de conciencia por no tirarlos. *Esas lecturas podrían dañar a otros hidalgos caballeros.*

No quisiera cerrar este capítulo sin manifestar un temor que me ronda desde el inicio. No deseo ser referente para nadie en estas intrépidas acciones que pueden llevar a la muerte, la locura o a dañarnos de forma irreversible. Si volviese atrás, nunca hubiese hecho este viaje en esas condiciones. Proceso sí, valor y arrojo desde luego, pero seamos cautos. Debemos protegernos y querernos. El viaje en sí mismo está bien, aunque, para evitar accidentes como éste, mejor realizarlo en compañía, en un estado más adecuado; y si es posible, con mejor dominio del idioma. No es mi intención confundir a nadie, el proceso se puede y se debe llevar a cabo en entornos seguros y acompañado de profesionales y personas cualificadas para ello.

También rompo una lanza en mi propia defensa, y reconozco que, en mi caso, y debido a mis experiencias traumáticas, no confiaba en nadie, y eso me impedía hacer las cosas de otra forma. Para las personas que se encuentren en situaciones similares, les diría que confíen, que la vida es preciosa, aunque en algunos momentos no lo parezca. Sólo tenemos que cambiar las lentes de mosca por las de abeja, para así ver lo más bello de cada ser humano, y al más bello entre ellos: *nosotros mismos*. Aunque, como decía el carnicero del cuento: que *todas sus carnes eran las mejores; dicho esto, un monje que pasaba por allí, se iluminó.* Fluyan con la vida, ella nos trae lo que necesitamos en cada momento. Aunque no estamos solos, el viaje interior es un camino que tenemos que hacer en soledad, nadie lo podrá hacer por nosotros. Si confías en ti mismo, lo harás también en los demás y en la vida.

En la actualidad me dedico a acompañar a otros en sus procesos de despertar, desde la experiencia de haberlo recorrido previamente y con los conocimientos necesarios adquiridos en diferentes escuelas, en la universidad y en el caminar con grandes maestros, aunque sin duda, la base y principal solidez me la otorga mi vivencia y recorrido.

Capítulo VII

Caminares, despertares y terapias

CAMINO DE SANTIAGO

Tras recuperarme y regresar a la vida cotidiana, comencé mi andadura por distintas terapias y vías espirituales, y qué mejor forma de iniciar mi nueva etapa que hacer El Camino de Santiago en solitario. Escogí el recorrido francés, desde *Saint Jean de Pied de Port* en Francia, hasta la Catedral de Santiago. Fue una bonita experiencia que me hizo tomar tierra después de tanta locura. Conocí a personas interesantes, con las que compartí intimidades y crecimiento, y sobre todo me conocí algo más. Mi segunda vuelta con Desiré sucedió al regreso del camino, al concluir con la llegada a la Catedral de Santiago, le envíe una postal impregnada de un bonito sentir, la dedicatoria final concluía así: "Con todo el amor del que dispongo a fecha de hoy". De alguna forma ya intuía que el verdadero y único camino posible es el del corazón, el del Amor. En las primeras etapas de aquel viaje tuve ocasión de mantener o iniciar relaciones con una preciosa chica francesa, pero los recuerdos de Desiré entraron en juego. De hecho, este viaje nació con la intención de decidir qué hacer con respecto a la relación, mi eterna cuestión.

RELACIÓN CON LA MADRE

Por esta época realicé los primeros acercamientos a mi madre. Era un asunto pendiente a trabajar, como dije, no tengo memoria de recibir afecto por contacto físico en la infancia, en mi familia no se prodigaba el acercamiento afectivo. Aún recuerdo el primer abrazo. Sentí un escalofrío que me recorrió todo el cuerpo. Creo que a ella le ocurrió algo parecido, sentí su ligero temblor y sus deseos explícitos de acabar con aquella "ridícula" petición mía. Este acto de transición fue una transgresión bestial; de alguna forma, el principio del fin de la no relación. El segundo abrazo, de igual forma forzado, fue algo mejor, y así fueron mejorando de forma progresiva, hasta que hoy día, me los demanda ella cada vez que voy a visitarla a la residencia. Incluso llegamos a verbalizar este cariño con frecuentes te quiero. Nada más verme abre sus brazos y sonríe, no hay día que me vaya sin darle un abrazo. Con el tiempo me gané su cariño, no es algo dado como pueda parecer.

Como dice **Seyed Mohammad Suhufi** en su obra, *The Status of Mother in islam: El paraíso está a los pies de la madre.*

CON LA ABUELITA

En una de las ceremonias con Ayahuasca (la abuelita), dirigida por un Chamán Shuar de Ecuador, que solía venir a Ronda (Málaga) una vez cada dos meses, sufrí una catarsis. Se volvieron a dar las convulsiones espontáneas e involuntarias de chocar ambos pies, con las piernas inmovilizadas, al igual que me sucediese en la India. Lo más relevante, es que no fui consciente de ello. A la mañana siguiente, mis compañeros de ceremonia, entre ellos Guillermo, me comentaron cómo chocaba ambos pies con fuertes y repetidos golpes a modo de sacudidas. Les llamó la atención que las piernas, al igual que el resto del cuerpo, permaneciesen inmóviles, como si me sujetaran o estuviese atado. Era la única parte del cuerpo que movía. Lo curioso es que ellos no sabían nada del suceso y lo describieron tal que así, *como si me tuviesen sujeto o atado*. Esto me llevó de forma inexorable al estrés postraumático que sufrí en la infancia, cuando el médico me extrajo aquellas agujas infectadas, mientras me sujetaban sus auxiliares.

Dentro de las ceremonias con ayahuasca, las tuve con diversos Chamanes, escuelas y asociaciones, aunque la mayoría fueron con este chamán; con el cual, y ya estudiando psicología, realicé un experimento sobre los efectos que tiene la planta en algunas capacidades. Los resultados y el análisis están colgados en la web.

Uno de mis trabajos con la planta tuvo lugar en Barcelona, con un chamán catalán al que visité en tres ocasiones. El trabajo más potente duró cuatro días. Se hacía una ceremonia por noche, escalonadas de forma progresiva, dependiendo de la intensidad de la planta. La primera fue el **Temazcal**, en ésta no se ingiere nada. Se realiza en una tienda o inipi, en cuyo centro hay un agujero de cierto tamaño donde se van introduciendo trece piedras calentadas en un fuego cercano y sobre las cuales, se van vertiendo pequeñas dosis de agua con hierbas aromáticas a modo de sauna. Al día siguiente se utilizó **Jurema** y al otro **Ayahuasca**, con sus rituales respectivos. Estas, al igual que la última, se llevaron a cabo en un sitio peculiar, en el interior de la montaña, en una cueva donde había una energía muy especial y potente, en plena sierra catalana.

Por último, el plato fuerte, la **Salvia Divinorum**. Esa noche la sensibilidad era extrema. Algunos estábamos al límite de nuestra capacidad de conciencia y la mente jugaba malas pasadas. El grupo se componía de cinco personas, un chico y una chica de Barcelona; ambos con experiencias previas con este chamán, y un madrileño y una malagueña, con la cual compartí viaje desde Málaga. Los cinco nos estuvimos preparando para ese último día. Era el gran viaje, el salto a la realidad.

La planta no te da nada que no estés preparado para recibir. Si no lo asimilas y mantienes en la forma adecuada, la mente te mete miedo, como en el cuento sufí. El caso es que nos fuimos situando dentro de un orden. Los primeros fueron los catalanes, más preparados y conscientes que el resto, que pasaron con buena nota el tránsito. Llegó mi turno, una experiencia increíble, visité el cielo en segundos, sentí paz y amor, el tiempo se paró, presencia en estado puro, todo era bello y hermoso, como esos estados que ya conocía. Miraba a los ojos de los compañeros y sentía la conexión con su alma. En esto, le tocaba el turno al madrileño, su experiencia fue bien distinta, su mente se interpuso, vivenció como si la cueva lo absorbiese, como si las rocas tomasen vida. Lo pasó fatal.

Al día siguiente le increpó al chaman, responsabilizándolo de lo ocurrido y de no haberle advertido lo que iba a suceder (como si éste lo supiese). Creo recordar que intermedié, haciéndole ver que era un asunto interno de él mismo. Lo que posiblemente ocurrió, es que su mente no estaba preparada para entrar en semejante estado, y ésta tomó las riendas. Por último, cuando le tocó el turno a mi paisana, la malagueña; más insegura aún que el anterior, decidió no participar. El miedo o la prudencia se hicieron con el mando.

Al igual que cuando viajé a India y en otras ocasiones que elevé mi nivel de conciencia, tuve problemas para mantenerlo y volver a tierra, a la dualidad. Comencé a no dormir o a hacerlo poco, aprovechando la mente esta oportunidad para desestabilizarme de nuevo. Pensad que a la mente no le interesan estos trabajos, con ellos va perdiendo su lugar de poder y control, pasando paulatinamente a nuestro servicio como instrumento que es, y no como jefe impostor.

Hablando de chamanismo, no puedo cuanto menos que mencionar a mi chamana particular, Juana. Con ella he tenido encuentros donde hemos llegado a dilucidar asuntos significativos en mi proceso, imagino que en el suyo propio también. Así que no puedo dejar pasar la ocasión para hablar de una bonita revelación que surgió en una de nuestras conversaciones, sin buscarla y sin querer, como la canción *Hilo Red*.

Mi padre, como tantos otros de su época, no solía estar mucho en casa. Su centro de vida era el trabajo, con lo cual tuvimos en cierta forma un padre ausente. Le hablaba de ello a mi amiga Juana, cuando me manifestó que algo se le escapaba, algo no le cuadraba. ¿Cómo era posible? Me dejó un tanto desubicado, no entendía adónde quería llegar. Lo que le decía era cierto, pero ella seguía en su línea. Esto hizo que profundizásemos en la temática, hasta que afloró lo que iba buscando.

Él, había hecho lo más que se puede hacer en cuanto a ritos iniciáticos se refiere. Me había dado las claves para realizarme como hombre, para sobrevivir y sacar a mi prole adelante. Me había enseñado su oficio, maquinista de excavadoras. La primera vez que llevé una máquina fue con él, aunque luego terminó las enseñanzas mi hermano mayor, con el que terminé montando una empresa de excavaciones. También me enseñó a conducir y a disparar, a cazar, como decía mi amiga, *casi na´*.

Cuando Juana escuchó esto, puso el grito en el cielo: *¡Vamos! ¿Que tu padre no estaba?* Aquella conversación resultó ser muy aclaratoria, gané confianza y puse más en valor a mi progenitor, aunque ya en otras parcelas lo estaba. Era un hombre sensible y cariñoso desde la distancia, su educación le impedía tener demasiado acercamiento a nosotros, sus hijos. Decía que la línea que separa confianza y respeto es muy difusa y fácil de franquear; y una vez se cruza, no hay marcha atrás.

Otra de las terapias que realicé en mi recorrido fue el rebirthing o renacimiento. Es una técnica que consiste en hiperventilar, cuya terapia individual consta de diez sesiones, las últimas se realizan sumergido en agua respirando a través de un tubo. Estando en esta terapia, la facilitadora nos ofreció hacer una sesión grupal en la playa, ocurriendo algo curioso. Quedamos al anochecer en una preciosa cala de Benalmádena. Había luna llena, el mar estaba en calma y todo apuntaba a una buena sesión de terapia. Justo cuando nos íbamos a meter en el agua, el mar comenzó a embravecerse, debido a ello, pocos fuimos los que nos atrevimos a realizar el trabajo. Teníamos que hiperventilar con tubos de snorkel y dadas las condiciones del mar, existía la posibilidad de tragar agua, las olas inesperadas podrían sobrepasar el tubo. Aun con la ayuda de un compañero que nos sujetaba, podía ocurrir. Al final resultó ser una manera práctica de enfrentar nuestros miedos.

Uno de mis descubrimientos sobrevino cuando visité a una

reconocida vidente de un municipio cercano. Me hablaron de ella y fui a visitarla, no tenía nada que perder. Para mi sorpresa, su marido era psicólogo. Tuvimos buena conexión y me aportó luz. Debido a su especialidad; niños con dificultades escolares, y tras varias visitas, dedujo que uno de mis problemas podría ser tener un CI por encima de la media, altas capacidades o sobredotación. Después de pasarme algunos tests, me aconsejó visitar a una especialista, la cual confirmó el diagnóstico. En ambos casos, mi reacción fue de tristeza, aparecieron lágrimas. Ellos no entendían qué pasaba. Según me dijo Susana, nadie reaccionaba así; es más, nunca antes vio realizar las pruebas con tanta desidia, decía que lo normal era venir motivado. Años atrás era casi incapaz de llorar; con lo cual, algo sí había evolucionado, en aquellos días me lo permitía incluso en presencia de personas a las que acababa de conocer.

Lo de mi tristeza era muy simple. Si yo era más inteligente que la mayoría; en algún apartado tenía un percentil de 99 %, eso quiere decir que, de cada 100 personas, 99 tienen menos potencial en este particular. Claro que me entristecía saber que teniendo esas capacidades no sabía dirigir mi vida, no era feliz y no tenía ni idea del rumbo que tomar. Mi preocupación y pregunta era la siguiente: si las personas con más capacidad solemos ser fracasados escolares, como era mi propio caso *¿En manos de quién estamos? ¿quién dirige este mundo?*

Como decían mis amigos, había sido desaprovechado, no habiendo desarrollado mi potencial, para ser más útil a los demás y a mí mismo y, sobre todo, para ser feliz. Aunque, en mi opinión, esto de la inteligencia es algo cuestionable, mide unas capacidades, pero no otras, y la inteligencia es algo más amplio y aún está por estudiar. No contempla la conexión interhemisférica entre la parte racional y creativa, además de la conexión con el corazón, algo a tener en cuenta en nuestra evolución y desarrollo. Sin éste realizarse, no podemos ver la realidad tal cual es, ni pensar con la integración del ser, con y desde el corazón. En todo caso es una inteligencia dual o menor. Que si la transcendemos se puede convertir en una buena herramienta a nuestro servicio.

Incluso sospecho que este particular puede ser debido a mi anterior estado de desconexión, como consecuencia la mente se ha visto obligada a realizar más esfuerzo, a desarrollarse en mayor medida, sobre todo por hiperactividad. Como cuando forzamos los músculos en un gimnasio, si poseemos un potencial adecuado y no nos excedemos, se desarrollan y fortalecen.

En este deambular y búsqueda de respuestas, conocí a personas de conocimiento y visité diversos centros. En una ocasión realicé un viaje a París para conocer a **Alejandro Jodorowsky**. Este solía echar las cartas una vez por semana en el café parisino *Le Temeraire*, dándose una serie de extrañas circunstancias de asincronía que no hicieron posible el encuentro, aunque sí pude presenciar desde una mesa cercana, cómo se las echaba a otros.

Mencionando al maestro Jodorowsky me viene a la memoria un suceso que me acaeció una noche mientras trabajaba con el taxi. Estando en la parada, pasó una moto de gran cilindrada, quizás a excesiva velocidad para la zona, con dos ocupantes. Seguidamente salí con un servicio y unos minutos más tarde, me veía parado en la carretera debido a un accidente, un autobús y otro taxi bloqueaban el paso. La moto había despegado y se había segmentado en pedazos contra un árbol. El cuerpo inerte de uno de los pasajeros se hallaba muy cerca de la colisión, donde se podía apreciar una palmera partida y los restos de la moto. A lo lejos se encontraba el otro motorista inmóvil, tumbado bocarriba en el asfalto. Me bajé del taxi, y sin saber por qué, me dirigí con decisión hacia el cuerpo más alejado, a unos ochenta metros. Algo por dentro me empujaba a ir en su ayuda. El compañero del otro taxi me sujetó por el brazo y comenzó a hablarme sin parar. Me decía que no me acercase, que ya estaba avisada la central para movilizar a la policía y a los servicios de emergencia. Continuó manifestando opiniones y enjuiciamientos sobre lo ocurrido y lo poco que valoramos la vida. Lo sentía nervioso.

Sin perder de vista al motorista, me dejé inmovilizar y no pronuncié palabra. Instantes después, observé cómo el joven convulsionaba y hacía unos pequeños movimientos intentando levantar la cabeza, dando lo que consideré los estertores de la muerte, todo ello antes de que llegasen los servicios médicos. Fallecieron ambos ocupantes. Posteriormente, haciendo un curso de primeros auxilios en Cruz Roja, donde prestaba ayuda como voluntario, nos explicaban que gran parte de los fallecimientos por accidente de moto sucedían por atragantamiento. Al impacto, se introduce la lengua en la garganta, produciéndose la muerte por ahogamiento antes de la llegada de los primeros auxilios. Esto me impactó tanto como el suceso en sí mismo. Jodorowsky relata en uno de sus libros, cómo un día, durante un paseo cuando vivía en Chile, presenció lo que había sido un accidente. Todo el mundo se aglomeraba en torno al herido, que creo recordar, se hallaba debajo de un tranvía. Él, sintió el impulso de acercarse, le sujetó la mano y le hizo compañía hasta la llegada de los servicios médicos, al marchar sintió su enorme agradecimiento.

Otra de las varias y diversas visitas que realicé, fue al centro budista de Oselling, situado en las Alpujarras granadinas, para conocer a un maestro tibetano que se encontraba de visita en aquellos días, aunque éste no me dio respuesta alguna. Lo que tenía claro, era que mi sentido de vida era éste, no había ningún otro que tuviese la capacidad de atraer mi atención hasta ese extremo. ¿O sí lo había? ¿Qué pasaba con la eterna pregunta, sobre si amaba o no a mi mujer?

Era una cuestión que me atormentaba, no encontraba respuesta. Cuando estaba con ella, me asfixiaba, deseaba estar solo; y cuando nos separábamos, la echaba de menos, "ni contigo ni sin ti...". No sabía cómo resolverlo. En una de las ocasiones que estábamos separados, me enamoré de una chica gallega que me ilusionó sobremanera. El problema vino cuando se lo hice saber. Aunque separados, preferí decírselo, sabía de su eterna espera y no quería que se enterase por otras personas. Siempre tuvo la intuición y la certeza de que la amaba, el problema, según decía, era que yo aún no lo sabía. Al comunicarle la noticia la vi sufrir y sentir un profundo dolor, dentro del respeto a mi decisión. Esto me dejó paralizado, tanto así que no pude continuar la relación con la otra chica. Quizás me pesaba la culpa que arrastraba o porque la amaba o ambas cosas, no sabía. Con el tiempo, volvimos a reiniciar la relación.

Luego nació nuestra hija, el 12 de octubre del 2007, un día después que su abuelo materno; y sincronicidades de la vida, su santo es el 28 de julio, cumpleaños de su abuela materna. Desiré siempre sintió la llamada de la maternidad, era algo arraigado en ella, es posible que fuese el motivo de tanto cuido conmigo, cosa que cambió cuando su deseo se materializó.

Uno de mis miedos, era descubrir tarde que estaba enamorado de ella y que no pudiésemos tener hijos, así que tuvimos a nuestra hija, a la que amamos con locura.

TRANSPERSONAL Y SUFISMO

A la vuelta de uno de mis cursos, me llegó información de un psicólogo transpersonal que realizaba intensos talleres vivenciales en el desierto de Merzouga, Marruecos, a la vez que llevaba al grupo de visita por el país. Tenía un amplio recorrido y era gran conocedor de multitud de técnicas, además de **Sieg Sufí** de una **Tariqa** marroquí. El primero de los viajes que realicé con él, fue en diciembre del 2007, cuando mi hija, tan solo contaba con dos meses. En ese primer viaje me asaltaron las dudas y la culpa, por haber dejado solas a mi hija y a su madre. En aquellas noches de no dormir con esta cuestión, recuerdo un duro paseo nocturno por las dunas de aquel desierto. Había una preciosa luna llena en la que fijé mi atención, la cual, de alguna forma, me dio la respuesta. Por fin concluí que lo mejor que podía hacer por mi hija y por mí mismo, era estar allí trabajando mis problemáticas, todo lo que sanase, repercutiría en su propio beneficio.

Durante estos viajes por Marruecos surgieron sucesos e historias interesantes llenas de aprendizaje y realización. En una ocasión que visitábamos una ciudad de playa, al Sieg le llamó la atención un señor que deambulaba por la calle sin rumbo, se podría decir un loco cuerdo, no sabría describirlo bien, aunque el maestro nos dio un nombre que no recuerdo (el islam contempla este tipo de personas conectadas), se le apreciaba una gran felicidad. Se dirigió a él para conversar y hacernos una pequeña demostración a Mauro; musulmán e ingeniero argentino de origen árabe, que venía a cada uno de los viajes, y a mí. Pudimos percibir a través de la conversación el nivel de conexión de este hombre, venía a decir que los locos eran los demás. Sucedió un bonito encuentro, donde nos dio una lección de lo que en realidad era la vida y la conexión con el todo. No quiso extenderse en las explicaciones ni responder a todas las preguntas que se le hicieron, así que continuó su rumbo con la alegría que da la presencia.

En aquellos viajes, y de forma excepcional, el Sieg, Mauro y yo visitamos a algún sabio o santo del sufismo, y ya en grupo, visitábamos sitios de culto. En una de estas, acudimos a un lugar de peregrinación, una gran cita donde se veneraba la tumba de un santo. Era un espacio mágico, había una gran explanada entre la mezquita y el humilde mausoleo donde descansaban los restos del santo. Llegada la noche, se llenó de pequeños grupos donde se comenzaron a hacer meditaciones. Mientras paseábamos, nos invitaron a participar en una de ellas. Gracias a su generosidad y hospitalidad, pudimos vivenciar aquel gran encuentro Islámico desde su interior y sentir la energía que allí circulaba. Luego más tarde y una vez el grupo se fue a dormir, nos quedamos los tres disfrutando de aquello sentados en un pequeño muro de piedra. Mientras ellos conversaban, observé como llevaban en brazos y a toda prisa a una joven que había perdido el conocimiento. Se dirigían a la tumba del santo, lugar donde se encontraban orando los que parecían ser los líderes o maestros de los grupos allí congregados. Eran unos siete hombres, me llamó la atención que alguno de ellos era joven. Se lo comenté al Sieg y nos dirigimos al lugar por si éste podía serles de ayuda. Al llegar nos invitaron a sentarnos en el suelo junto a ellos, comenzando una rueda de oraciones a modo de rezos o mantras de gran poder, donde circulaba una energía increíble. Todos íbamos al unísono, me limitaba a seguirlos, pero pareciese que lo hubiese estado haciendo toda la vida, seguía con gran sincronía sus vaivenes y rezos repetitivos. Había momentos que se entraba en sinergia y se incrementaba la fuerza, tanto de los movimientos como de los rezos, manteniéndose ésta hasta una nueva subida.

La chica se hallaba recostaba frente a nosotros. Todo el mundo se congregaba a nuestro derredor. Se pararon las meditaciones del lugar para ver qué sucedía con ella y el hacer de los maestros. En estas, la joven abrió los ojos y los clavó en los míos. No sabría describir la fuerza con que me atravesó, fue muy potente ser penetrado por su mirada, pareciese que hubiese visto una aparición, no dejaba de mirarme y los cánticos se tornaron alegres y festivos. Nos agradecieron nuestra participación y nos fuimos del lugar oyendo las explicaciones de nuestro Sieg, donde sopesaba la posibilidad de que fuesen somatizaciones de tensiones internas por represión. Igual, esto junto al hecho de ser el único occidental en el lugar, fuese el motivo por el que la chica fijase su mirada en mí, o simplemente por estar frente a ella. Sinceramente no lo sé, pero sí es cierto que fue especial encontrarse siendo el centro de atención, tanto de los que observaban el semicírculo, como dentro del mismo, con toda la magia que conllevaba la situación.

Con este terapeuta recorrí un buen tramo de mi camino. Aprendí que la espiritualidad se lleva a cabo en lo cotidiano, en el día a día y pisando con firmeza a tierra. Las terapias realizadas en aquellos viajes me hicieron mucho bien. Duraban desde el amanecer hasta bien entrada la noche, para después de cenar, y ya fuera de terapia, continuar con meditaciones Sufís: **Diker** o **Hadra**. Más adelante comencé a organizarle talleres en Málaga, y acudí a algunos de los que realiza en su centro de Madrid.

Una de las cosas que más me trabajé con él fue la voz. La tenía anclada en la infancia, era suave y con falta de tonalidad grave. En ella se reflejaban mis miedos, tenía somatizaciones en las cuerdas vocales, al igual que en otros músculos del cuerpo. A base de trabajos centrados en la apertura y relajación de las cuerdas, pude ir encontrando mi voz, fui profundizando en ella y en la presencia, al igual que en su consecuencia, la majestad, donde tanto hincapié hacía.

Fue maestro y compañero de viaje durante este periodo de mi vida, además de motivador para mi entrada en la Universidad, cosa que enriqueció mi proceso, dándole solidez a mi recorrido, armando de una forma más consistente todo lo andado hasta la fecha. Mientras, seguía con mis inquietudes de búsqueda. Haciendo gala a mi vínculo con el eneatipo 7 del Eneagrama, la Gula, continuaba conociendo nuevas terapias, como la Bioenergética, la Gestalt, Eneagrama, Constelaciones Familiares y otras.

Y POR ÚLTIMO, LA BIONEUROEMOCIÓN

Como ésta tiene su propio apartado; sólo decir, que fue la integración de mi recorrido. Al contener o ser el producto de otras escuelas y tendencias que ya conocía, me resultó muy familiar y fácil de asimilar. Lo más llamativo fue comprobar cómo esas relaciones transgeneracionales que había ido deduciendo, tenían un sentido y una lógica, no eran alucinaciones o imaginaciones mías.

Ejemplo de ello es el programa que traía de mi abuelo

paterno, que como ya expuse, intentó matar a su hermano, y luego una patrulla de la Guardia Civil lo ató a un árbol propinándole una paliza. Yo hice lo propio con el chico que me sometió a sus abusos, abriéndole la cabeza con una piedra; y como le sucediese a mi abuelo, también sufrí un terrible castigo.

Lo mismo que en el caso de la extracción de las agujas, cuando me sujetaron entre varios adultos mientras me infligían un gran dolor, igual que le pasó a él. De alguna forma reproduje este programa, el médico y los auxiliares reproducirían el suyo propio.

Continuando con el suceso de mi abuelo, mi padre, siendo niño, llegó al lugar donde ocurría el *linchamiento*, provocándole un **Síndrome de Dirk Hammer (DHS)**, reactivándose un año antes de su muerte por sucesos parecidos, que le hicieron revivir el miedo a la muerte que sintió por su padre, desencadenando el cáncer de pulmón que acabó con su vida.

Cuando sanamos, se manifiesta en la vida diaria, liberándonos de los programas que nos automatizan. No hay nada que no pueda el AMOR, es la energía más poderosa y sanadora que hay, la energía de la presencia, la única que es real y existe. La "contraposición", el miedo, pertenece al mundo dual, a la ilusión, el amor no tiene opuesto, el amor todo lo abarca.

> *Nada real puede ser amenazado.*
> *Nada irreal existe.*
> *En esto radica la paz de Dios.*

UN CURSO DE MILAGROS

Capítulo VIII

La Universidad

Después de superar los exámenes de acceso a la Universidad, me vi entrando en la misma con lágrimas de satisfacción y emociones varias. Era una mezcolanza, una cuenta pendiente que iba a zanjar, además de adquirir conocimientos que no están estructurados en las escuelas humanistas, al igual que a la inversa, en la Facultad carecen de importantes partes de la psicología que aprendí en dichas escuelas. En la actualidad, se comienza una nueva etapa de apertura con las terapias de Tercera Generación; aunque son pequeños pasos, son bienvenidos. Mis traumas y condicionamientos tuvieron un mejor entendimiento con la formación cognitivo-conductual que adquirí. Quizás en la Facultad no aprendí cómo sanar, pero sí aprendí cómo se enferma, que no es poco.

Cuando terminé de cursar segundo y antes de iniciar el nuevo curso, decido separarme por tercera y última vez, ya no soportaba más esa situación que me asfixiaba. Le prometí a ella y a mí mismo, que no volvería a menos que lo tuviese claro, se acabaron las idas y venidas. Me percaté de que era uno de los frenos a mi crecimiento. Tomé conciencia y pensé que tenía que integrar la separación y seguir mi proceso; una vez realizado, lo vería con claridad y me vendría súbitamente la respuesta desde un sentir del corazón, no desde el pensar. Así que me armé de valor y di mi último paso hacia fuera, se lo dije:

    - No esperes mi vuelta, haz tu vida, pero sí te prometo una cosa, si algún día regreso, será con las ideas claras, para ser un buen y digno compañero de viaje.

Finalizando mis estudios, y debido entre otras a mis notas, me planteé la posibilidad de hacer el Doctorado con una investigación interesante que menciono en el capítulo uno, sobre la relación que tiene la presencia o grado de conciencia con la salud del individuo. Por fortuna, me di cuenta de la maniobra del ego para desviar mi rumbo. Es cierto que iba en mi línea; pero, de alguna forma, se trataba de enseñar a otros lo que ya sé o siento como cierto, aunque no estén demostradas empíricamente. Por eso, decidí continuar aprendiendo de los grandes maestros que hay fuera de la Facultad, para seguir con mi proceso de encuentro, mi verdadero sentido de vida.

En ese último tramo se darían una serie de sincronicidades que hicieron nacer un ciclo de conferencias, organizadas a petición de un profesor, con el fin de traer a la Facultad terapias humanistas e integrativas que los alumnos no tienen oportunidad de conocer dentro de la institución. Traje a ponentes de renombre, como fue el caso de **Enric Corbera** el 12 de diciembre del 2014. Surgió de forma natural y espontánea a través de una amiga común. Creó tal expectación, que duplicó el aforo de la sala, levantando polémica y controversia entre el profesorado más ortodoxo. Aunque esto no fue un impedimento para que continuase con la labor fuera de la Facultad.

Así nació **La Ventana Alternativa**, asociación que dirijo para la ampliación de consciencia, con conferencias, entrevistas y actividades varias. La ventana me abrió puertas interesantes, la mejor de todas, el acercamiento a personas de conocimiento, a los actuales referentes nacionales e internacionales en todo este movimiento del despertar.

Poco antes de las conferencias, nacieron las bases del capítulo uno de este libro. Su origen también ocurrió de forma "fortuita", al igual que la propia ventana. Al ser invitado a impartir una meditación en una herboristería. Antes de la meditación, pensamos dar una pequeña charla introductoria para no iniciados. Esta fue tomando forma al ser invitado a dar una segunda charla en el centro de la asociación *Tesela*.

Sin pretensión alguna, fue derivando en un artículo de opinión que compartí con profesores afines. Recibiendo un feedback positivo, animándome con ello a publicarlo. Se dieron las circunstancias y la sincronía necesaria para mi primera publicación*, el 15 de mayo del 2014. Un año más tarde comencé otro escrito, iniciando sin saberlo, el segundo capítulo del libro que tienes en tus manos.

El día de la graduación fue coincidente con mi cumpleaños, el 28 de junio del 2014. Había concluido una etapa y de alguna forma, retomaba mi rumbo, seguiría mi camino. Quizás no encontré en la Universidad todo lo que esperaba e invertí demasiado tiempo y energía en ello, pero es lo que tiene asumir

---

* https://desqbre.wordpress.com/2014/05/15/el-retorno-del-hijo-prodigo/, con el título: El retorno del hijo pródigo.

* Tiempo después, con una adaptación, se publicó en la revista del colegio de psicólogos de Andalucía Oriental, **Encuentros en Psicología**, nº 38, de mayo del 2015, con el título; La evolución de la especie, desde una perspectiva psicológica.

* Además de en diferentes Blog: como el de YogaSala Málaga y el del Teléfono de la Esperanza.

riesgos, no siempre se consigue lo que se busca; aun así, mereció la pena, encontré cierto orden y concierto. Mi madre, en silla de ruedas, debido a la demencia **cuerpos de Lewy** que padece, presenció la ceremonia. Mi hija y su madre ocupaban sendos asientos en el Salón de Actos.

Capítulo IX

Resoluciones en Bioneuroemoción

Con la venida de Enric al ciclo de conferencias, hubo un acercamiento a esta escuela, comenzando mi formación en su Instituto y retomando con ello mi proceso personal. Me sentí en el camino adecuado cuando opté por seguir mi rumbo; y no me refiero a esta vía en concreto, sino a la mía propia, a seguir caminando conmigo mismo, con la asociación, organizando e impartiendo conferencias, realizando entrevistas, escribiendo *El imparable renacer del corazón* y artículos varios, etc. Comprobando, en carnes propias, que cuando más se aprende es cuando comenzamos a compartir.

Realizando el **Módulo II** de formación en Bioneuroemoción, en julio del 2015, me sorprendí en pleno taller haciéndome la misma pregunta que me hice quince años antes, en mi primera visita a una psicóloga ¿Amaba o no amaba a la madre de mi hija? No terminaba de saberlo, pero al día siguiente se hizo la luz, lo sentí, por fin lo tuve claro. Decidí pasar el resto de mi vida junto a ella, Desiré. La persona que más y mejor me quiso nunca. Yo también la amaba.

Aún recuerdo uno de esos días, es posible que el domingo 19, previo a la finalización del taller, trabajando con una de mis compañeras, psicóloga de profesión. Conocedora ya de mi historia y de la decisión de volver con ella, me incitaba a salir corriendo en su busca, me decía que no perdiese ni un momento. No le hice caso, estaba seguro de que ella me esperaba. Los últimos quince años de búsqueda personal, siempre había estado ahí; de hecho, manteníamos una relación diaria y cordial. Llegó el momento, iba a concluir mi proceso, y de qué mejor forma. Me sentí presente y pleno, con el corazón henchido y sabiendo lo que quería.

El miércoles 22 concluía el taller y el jueves 23 me encontraba delante de Desiré manifestándole mi sentir y mi decisión de volver. Por fin en casa, volvía de Ítaca, de mi odisea, que era también la suya. Tomé conciencia de que la amaba, eso que ella sentía desde el inicio, ese sentir que la hacía esperar, porque sabía del amor que le tenía. Nunca supo por qué, pero sentía esa seguridad. Llegó la recompensa a tanta paciencia, quedaban lejos aquellos días en que me sacó del psiquiátrico en contra del deseo de otros, o aquella noche que la sobresaltaron con mi "accidente". Esas largas esperas en soledad, oyendo voces que decían que no merecía la pena, de personas que no sabían, que veían mi locura como enfermedad y no como cura, esas voces enjuiciadoras, quizás por miedo a lo propio en ellos.

Se hallaba inmóvil. Su mirada fijada en mí, sin manifestar alegría alguna. No entendía qué le pasaba, parecía bloqueada. Justo en ese momento, a modo involuntario, como si de aire expulsado se tratase, le pregunté si había alguien más. El silencio era helador y prolongado. Pronunció las siguientes palabras:

- *Este domingo comencé a salir con otro.*

El mundo se paró, me quedé petrificado, no tuve la capacidad de vivenciar aquella escena. Fue el impacto emocional más grande que he recibido en mi vida, un **Síndrome de Dirk Hammer (DHS)** en toda regla. Me sentí morir por dentro, no podía articular palabra. Me desplomé de rodillas en el suelo, impotente como nunca antes me sentí, no me quedaban fuerzas para más, mi trayecto había llegado a su fin, no quería seguir. Le pregunté si sentía algo por mí y me dijo que sí, que sentía **pena**.

Al contrario que le sucediese al alquimista, a mi regreso, no encontré lo que salí a buscar. La vida, de alguna forma, me devolvía lo que recibió ella dieciséis años antes, cuando le dije que le había sido infiel, quedando en estado de shock. Incluso perdió la voz por unos minutos.

A la semana siguiente de mi encuentro, llegaba a un centro de terapias *Esenias*, donde me dejaron entrar con algunas dudas por el estado en el que me encontraba; hecho un trapo, una piltrafa. Estos cinco días de retiro y formación vivencial, me fueron de ayuda y provecho; fui bien acogido por ella y su grupo, aunque también sentí la incomprensión de algunos.

Fue un duro año de duelo por separación afectiva, con los consiguientes estados de negación, negociación, odio y tristeza, estados inestables que iban y venían. Como todo proceso de duelo coherente, estaba lleno de incoherencias y altibajos. Este proceso no es lineal; como algunos ya sabéis, es cíclico, aunque los periodos y la intensidad de las emociones van disminuyendo; para finalizar con el perdón, y la aceptación e integración de lo ocurrido, siendo éste uno de los procesos de duelo más duros, tan solo superado por la pérdida de un hijo. Incluso, en algunos casos, la muerte de la pareja se sobrelleva mejor que la separación no deseada. Sin generalizar, porque depende de cómo lo viva cada persona, pudiendo haber quien la viva como una liberación. Dentro de los duelos, el de separación afectiva, es el que tiene el índice más alto de suicidios.

Aunque parezca extraño, lo viví como tal, cierto es que estábamos separados desde hacía tiempo, pero al mantener el vínculo y el contacto diario, no se había consumado la separación emocional por mi parte, y más teniendo en cuenta que recibí la noticia, justo en el momento que decidí regresar.

Aun así, fue un año de gran crecimiento. Sin entrar en detalles, fue terrible ver ese inconsciente "asesino" e inocente que se manifestaba a través de ella, proyectándolo sobre mí, dándome mi propia medicina con aumento de dosis, haciéndome saber, en carnes propias, lo que ella misma había sufrido estos años. Por fortuna, fui transmutando esa energía y liberándola en la medida que podía. A veces me encontré tumbado en la cama, dejándome atravesar por las emociones, observando cómo mi cuerpo temblaba y entraba en catarsis. Fue duro, muy duro, pero finalmente positivo, estaba transmutando, liberando somatizaciones y creencias, sanando.

Los allegados hicieron lo propio. Tuve que oír palabras hirientes de buenos amigos, como: "ahora te jodes" o "tú has hecho lo que te ha dado la gana, ahora tiene ella derecho a hacer lo mismo". En realidad, hablaban por boca de los que no se manifestaban. Había un resentir general, además de una verdad de fondo. No entendían mi proceso, no sabían qué estaba haciendo todos estos años, mis idas y venidas. Gran parte del tiempo que estábamos separados, ella organizaba como si no fuese así. Solía venir a las comidas familiares como si nada ocurriese, como si fuésemos pareja. Visto desde fuera, era una buena sufridora, tejía su red, cumplía su roll y yo lo permitía, cumpliendo así el mío. Con el tiempo, recibió consejos de mi propia familia, diciéndole que se buscase a otro, que no esperase más.

También podemos hablar de la problemática territorial, y de las diferencias entre cómo lo viven hombres y mujeres, cuestión polémica y motivo de controversia en estos tiempos tan sensibles a esta temática. Cuando un león pierde su territorio, lo primero que hace el nuevo alfa es matar a las crías, para que las leonas estén receptivas, pudiendo preñarlas y tener descendencia, perpetuando así sus genes. ¿Qué emociones pensáis que puede tener el hombre que "pierde su familia"? Pasando su expareja a vivir con otro hombre en el que fuese su hogar, conviviendo éste con sus hijos. ¿Podemos olvidar nuestra biología de millones de años en un par de décadas? ¿Hay machismo en todo esto? Por supuesto, de todo hay. Pero, cuando un hombre sufre esta pérdida, pensemos que también pierde lo más sagrado, lo que más valora: la madre de sus hijos. Ese sentir está lleno de connotaciones positivas y amorosas, no es sólo posesión, también respeto y amor.

Con el duelo aun inconcluso, en junio del 2016, me vi en Madrid realizando el **Módulo V** de Bioneuroemoción. Uno de los días, mientras me encontraba contestando a una compañera de curso, sobre cuál era mi animal de poder, le decía que el delfín y el elefante, para pasar a las explicaciones mentales pertinentes. El elefante, por ser herbívoro, no hacer daño a nadie y ser tan poderoso que ningún otro animal le puede dañar; y el delfín, por motivos parecidos. De repente, me vino a la mente la imagen de un león. Seguimos hablando y la escena se volvió a repetir, mi cuerpo lo reconoció, sentí certeza. Después de muchos talleres donde se me resistía, por fin ocurrió: ese era mi animal de poder, el león.

¿Por qué no lo reconocí antes? Por miedo, ese era el motivo que me hacía huir de mi animal. Siempre sentí atracción por el león, pero no me gustaba el desenlace de su historia; por eso escogía al elefante, por miedo al destino de mi prole y al de la madre de la misma, al ser vencido por otro león. Tardase más o menos, llegaría a la manada un león más joven, y yo no iba a ser la excepción. Una vez liberado de ese miedo, quizás por ocurrido, lo sentí con claridad, ese era y es mi animal de poder, él me escogió a mí. Esa majestad que reclamaba y buscaba en mí el psicólogo transpersonal y Sieg Sufí, con el que tanto me trabajé en aquel desierto y en su centro. Esa majestad es la que tiene el león de toda manada, esa quietud y templanza que muestra en su pausada forma de andar; fue la que integré al retomar mi sitio, mi trono. Me sentí fuerte y seguro, con sensación de plenitud, de haber llegado. Al día siguiente; "coincidencias" de la vida, trabajamos en el grupo nuestro animal de poder, en mi caso volvió a aparecer el león, atisbos de gorila y lobo, ¿cómo no? esa era mi esencia, al margen de que llevase toda la vida huyendo de ese lugar de responsabilidad.

Es posible que estemos ante un paso evolutivo más en lo que a las relaciones de pareja se refiere, un acto de liberación. Pero toda evolución lleva su tiempo, y en la actualidad, a la velocidad que está ocurriendo, puede dar lugar a estos latigazos que estamos observando en los últimos años. ¿O pensáis que es puro azar tanta *violencia de género*, que ahora los hombres, y más los jóvenes, estén involucionando? En mi opinión, la biología se manifiesta, se rebela dando golpes desesperados que hacen tambalear y que nos cuestionemos cosas "evidentes" vistas desde la lógica.

Seguro que iremos hacia otro modelo de relación de pareja y de familia, más saludable y ecuánime, donde pasemos página en lo que de posesión hay en la actualidad y amemos desde la libertad de amar y ser amado, viviendo el sexo desde ese mismo estado y pureza, sin que formar parte de una pareja implique poseer ni ser poseído. Eso no quiere decir que toda nueva forma sea válida, solo que todas estas pruebas y cambios nos llevarán a otras. Unas se mantendrán, otras fracasarán desde su inicio o estarán un tiempo y luego desaparecerán. Pero, como ya sabemos, todo es perfecto y tiene su sentido, aunque no lo comprendamos.

Dependiendo de la sociedad en la que vivamos, el modelo de familia es uno u otro, y creo que ha llegado el momento de que cada uno forme la familia o modelo de pareja que estime oportuno, dentro de la coherencia con uno mismo y con el otro. Así, habrá tantos modelos como surjan, y una misma persona puede fluctuar a lo largo de su vida por diferentes formas de estar en pareja. No tiene por qué gustarnos o apetecernos lo mismo siempre. ¿O acaso comemos lo mismo todos los días? Igual cuando la gran masa crítica despierte, cuando trascendamos la dualidad y nos situemos en el amor, desde ahí sea todo distinto, y como me sucedió a mí, las respuestas vengan sin necesidad de plantear cuestión alguna.

No quisiera terminar, sin profundizar algo más en un concepto tan básico y presente en toda mi historia, *el miedo*, que curiosamente aparentaba ser valor. Es la emoción que mantiene al mundo dual en equilibrio, siendo el motor que mueve nuestros actos, impulsos y sentires.

En este plano nos movemos por miedos y deseos, pero como los deseos indican carencia, es miedo a no tener, quedando el miedo como base u origen de las emociones básicas. Es el que nos impide vivir, y a su vez, nos empuja a funcionar en este mundo dual. Y a su vez, al ser este, el miedo, ausencia de amor, nos lleva al Amor como todo lo que es, lo que todo abarca.

Tendemos a identificarnos con nuestras sombras, y a su vez nos da miedo ser ellas, con lo cual, huimos de la luz en la medida en que nos alejamos, pues, tras cada una de ellas, está la luz que la proyecta. Por eso, cuando entramos en nuestra sombra, la integramos y trascendemos, llegamos a nuestra esencia, a lo que somos: Amor.

Apliquémoslo a la vida cotidiana, a la práctica. ¿Qué nos impulsa a tomar una acción o tener una actitud ante algo? Una emoción que nos incomoda por deseo o aversión hacia ese algo, nos lleva a accionarnos desde la reacción, al no permitirnos entrar en ella y trascenderla. Funcionan a modo de activadores o interruptores que nos hacen reaccionar, más que accionar. Desde esa perspectiva, no somos nada libres, nos movemos por impulsos que hacen saltar los automáticos, de ahí que estemos robotizados.

Por contra, si transcendemos, si transmutamos esa sombra o miedo, llegamos a la luz que la proyecta, a nuestra esencia, acariciamos con ello la libertad, somos. Ahí, en ese otro lado de la puerta donde se halla la luz, está el amor, la verdadera energía que mueve el mundo, hablo del real, no el dual de la mente. Todo funciona para llevarnos a ella, a la luz del corazón. Si no, ¿para qué creen que se nos presentan nuestros programas a modo de circuitos repetitivos?, empujándonos a caminar sin descanso, hasta que se produce el aprendizaje, el despertar.

En estas, a mi regreso de Madrid, continué con mi idea, deseo o necesidad de escribir este libro. Sentí que era el momento; ya sabía o entendía en alguna medida lo que me había ocurrido. Llegó el tiempo de compartir, después de quince arduos años lleno de todo tipo de aprendizajes. Por fin llegaba el tiempo de dar frutos.

Los árboles que dan los mejores frutos son los que sufren las mayores pedradas.

Eduardo Galeano

Comenzó el momento de sentir, de fluir desde el corazón, todo sucedía fácil a mi derredor, sin esfuerzo ni luchas innecesarias. Claro que invierto energía y tiempo en mis pasiones y quehaceres diarios, como es este mismo, la escritura. Pero es un disfrute, un caminar enriqueciéndonos con las aventuras y desventuras de la vida. Cuando se vive desde el corazón, nada es vacuo, todo es perfectamente imperfecto. Entrar abierto a las nuevas relaciones desde la confianza que da el amor, vivir lo que toca en cada momento, con aceptación y disfrute, todo ello me hace sentir vivo. La preciosa, dura y gran historia de amor que viví junto a Desiré no morirá jamás, me considero afortunado de haberla vivido, soy así de intenso, como dice mi querida amiga Puri, así de *Imparable*. Me amo más que nunca y no me arrepiento de nada de lo vivido, ese es mi legado, no hay nada más valioso que la experiencia de vivir la vida, ¿o cuando un niño se cae aprendiendo a caminar, hay error en la caída?

Vamos a trascender el miedo, y pasar al amor. Si queremos vivir, tomemos las decisiones desde el corazón, desde el AMOR. Al actuar desde nuestro centro, la "derrota" es menos dolorosa y más digna, además de no existir como tal. La "sufrimos" con la certeza de saber que estamos donde debemos y queremos estar, desde esa paz y serenidad que da SER. Esa certeza que te da hacer lo que te dicta el corazón, como es el caso de esta obra. Sigo la intuición que sentí el día de mi nacimiento, ese renacer que tuve a mis treinta y dos años, el día de la onomástica de la madre de mi hija, el 19 de septiembre del 2001. A ellas, fieles compañeras de viaje, va dedicado este libro; y a ti amigo lector, sin ti, no hubiese tenido sentido escribirlo.

Sentir es vivir, con independencia de lo que sintamos. Vivamos, aunque deseemos morir en ese vivir.

Andrés Espinosa

Agradecimientos

A Emilio Carrillo, por su presencia y apoyo durante la presentación en Sevilla. Y por las felicitaciones recibidas tras leer el libro. Gracias.

Agradecimiento especial a Joaquín G. Weil, por el excelente prólogo realizado, además de sus aportaciones y opiniones.

A Purificación Ramírez, por sus contribuciones, como la realización de la corrección de estilo y opiniones varias. Y cómo no, por una parte importante del título, IMPARABLE. Así dice me siente. Gracias.

A las personas que en los distintos lugares me han invitado y organizado el evento para la presentación del libro.

Y por supuesto, a todos los que han formado y forman parte de mi historia, de mi proceso de despertar.

Este libro en su versión renovada

vio la luz el 24 de diciembre de 2019

coincidente con el nacimiento de mi padre.

Andrés Espinosa Martín

Psicólogo General Sanitario
Experto en Emergencias
Especializado en acompañar en
procesos de autoconocimiento

En 2001 sufre un despertar espontaneo, tras un intento de suicidio. A partir de ese momento, su vida cambia y se centra en la BÚSQUEDA, su único sentido de vida. Desde entonces supo que compartiría su experiencia. Quince años después, su proceso se materializa en éste libro.

Necesitando estos años de indagación y búsqueda para integrar lo ocurrido, encontrando ese hilo conductor coincidente en todos los caminos, esa unicidad hacia la cual apuntan. Sin afiliarse a ninguno, atiende a la espiritualidad que habita en todos ellos.

Integrador de ciencia y espiritualidad. Es compartidor de espacios de presencia, tanto con sus intervenciones, retiros y viajes, como con la creación y organización de Encuentros en Origen, evento vivencial de gran trasformación.

El mejor taller, la vida misma.

Además de este, tiene publicado el bello y clarificador cuento infantil para adultos y niños, Planeta Amor.

Made in the USA
Monee, IL
07 July 2026

56644415R00089